SUMÁRIO

Salvo indicação em contrário, todas as Escrituras foram retirados da Edição Corrigida e
Revisada de João Ferreira de Almeida.
Segredos do Homem Mais Rico Que Já Existiu
ISBN 10: 1-56394-305-0 / ISBN 13: 978-1563943058 / PB-99
Copyright © 2005 *MIKE MURDOCK*

Seu Sonho Está Mais
Perto de Se Realizar
do Que Você Imagina.

-MIKE MURDOCK

POR QUE DECIDI ESCREVER ESTE LIVRO

Salomão foi perito em grandes realizações. Poucos homens na história igualaram seus feitos magníficos. Ele conhecia trinta e um segredos poderosos, os quais desejo compartilhá-los com você. Leia e assimile as verdades simples, porém, profundas presentes neste livro.

Seu Sonho Está Mais Perto de Se Realizar do Que Você Imagina. Os segredos do sucesso estão ao seu alcance. Na verdade, estão neste livro que você está segurando agora.

Futuramente você vai constatar que uma das melhores coisas que já fez na vida foi ler este livro.

Alguém *sabe* de algo que você precisa conhecer. Alguém já *fez* algo que você precisa realizar. Alguém pode *ajudá-lo* a alcançar o que deseja através dos poderosos segredos de Sabedoria e sucesso que aprendeu.

Não são necessárias muitas chaves para abrir um cofre, apenas a *certa.* Pequenos segredos geralmente liberam tesouros imensos.

Sua vida pode *mudar.*

Seu sucesso pode *aumentar.*

Foi por isso que decidi escrever este livro.

Realmente desejo que você obtenha sucesso na vida.

Faça desta obra seu Livro de Bolso do Vencedor.

Marque todas as passagens que achar importantes. Grife o texto como achar necessário para lembrar-se dos segredos do sucesso. Consulte este livro *continuamente.*

Agora fique a sós e recoste-se numa poltrona. Pense sobre seu palácio de feitos grandiosos — o lugar onde sempre sonhou estar.

Esse é seu lugar.

≈ 1 ≈

SALOMÃO DECIDIU FAZER ALGO QUE NINGUÉM HAVIA TENTADO AINDA

Salomão Era Um Empreendedor Bem-Sucedido E Incomum. Esse tipo de ser humano se distingue dos demais. Em um mundo mergulhado em dúvidas eles *crêem.* Em um mundo que caminha lentamente eles *correm.* Em um mundo que se lamenta eles *dão risada.* Em um mundo que desiste dos sonhos eles *perseveram.* Salomão é um dos nomes mais famosos da história da humanidade. Ele compôs canções e colecionou provérbios. Reis requisitavam uma audiência com ele. Salomão era brilhante, comunicativo e perfeitamente humano. *Ele foi o homem mais rico que já existiu.* Salomão enfrentou grandes fracassos em sua vida pessoal. Todavia alcançou tal proeminência que Jesus falou a respeito dele, milhares de anos depois, como vemos em Mateus 6:29 e Mateus 12:42. Salomão não era *perfeito,* mas foi bastante *ativo.* Sinto-me fascinado pela vida desse personagem bíblico. Não podemos esquecer que ele foi atraído pelo mal e caiu na teia da imoralidade. Obteve grandes lucros e também altas perdas.

Salomão teve uma vida incrivelmente diversificada.

Ele *era sábio.* Quando Deus permitiu que o templo fosse construído em Sua honra, escolheu Salomão para supervisionar a obra. Ninguém jamais conseguiu realizar algo parecido.

Qual a dimensão da riqueza de Salomão? Raciocinemos o seguinte.

No ano de 1929, a Sociedade dos Arquitetos de Illinois realizou um estudo extensivo e meticuloso a respeito do templo construído por Salomão. Embora essa pesquisa tenha ocorrido quase setenta anos atrás, os peritos estimaram o valor daquela obra em 87 bilhões de dólares. Se considerarmos uma inflação de sete por cento ao ano, estima-se que o valor do templo, nos dias de hoje, ultrapassaria os 500 bilhões de dólares. Meu amigo Malcolm Burton afirma que essa quantia é quatro vezes maior do que o gasto anual dos Estados Unidos com armamentos e defesa militar. E isso é apenas uma parte. *Não* estamos incluindo o palácio de Salomão, as propriedades que ele possuía e outras posses valiosas, numerosas demais para mencionar!

Pensemos a respeito disso.

Atualmente, apenas o templo estaria avaliado em mais de 500 bilhões de dólares.

Pensemos novamente a respeito disso.

Essa foi uma realização *incomum.*

O leitor já parou para considerar a diferença entre um milhão e um bilhão de dólares? Uma pilha de notas de US$1.000 dólares, totalizando um milhão, tem pouco mais de trinta centímetros de altura. Entretanto, uma pilha de notas de mil, somando um *bilhão* de dólares, é mais alta do que o Empire State!

Isso sim é o que podemos chamar de riqueza.

O palácio de Salomão demorou duas vezes mais tempo para ser construído, e estima-se que se igualava ao templo em majestade e esplendor. Sequer conseguimos imaginar tal abastança. *Todavia a vida de Salomão também foi marcada por fracassos.* Mas quem nunca os experimentou? Generais feridos de guerra têm muito a ensinar a soldados inexperientes. Qualquer pessoa incomum é digna de exame minucioso.

Líderes incomuns merecem ser *imitados.*

Reis incomuns merecem ser *estudados.*

Sonhadores incomuns merecem ser seguidos.

Salomão era um sonhador. E bastante eficiente por sinal. Ele foi um sonhador inesquecível e bastante influente.

E muitos sonhadores sofrem hoje em dia.

Geralmente eles são mal-compreendidos.

Eles proporcionam emprego e renda para aqueles que se recusam a sonhar. Estimulam todos à sua volta a usar da imaginação. Levam pessoas comuns a alcançar patamares elevados. Entretanto, geralmente são chamados de avarentos, materialistas e mesquinhos.

Qual o verdadeiro segredo da grandeza de Salomão e de suas realizações inigualáveis? *Sua obsessão por Sabedoria.*

A resposta é muito simples. Os feitos "acadêmicos" de Salomão não o caracterizaram como um gênio. Na verdade, ocorria o contrário. Ao mencionar seus sonhos, sua inferioridade ficava evidente. Ele sabia o quanto sua própria força era *limitada.* Em 1 Reis 3:7, 9, vemos a descrição de um homem que se sentia incapaz: "Eu *não passo de um jovem* e não sei o que fazer...Dá, pois, ao teu servo um coração cheio de discernimento para governar o teu povo e capaz de distinguir entre o bem e

o mal. Pois, quem pode governar este teu grande povo?"
Salomão buscava continuamente a Sabedoria. Em
Eclesiastes 1:13, ele afirma: "Dediquei-me a investigar
e a usar a Sabedoria para explorar tudo o que é feito
debaixo do céu".

Salomão conhecia perfeitamente os "Princípios da
Realização". Ele era muito mais do que um sonhador.
Reuniu uma coleção de monumentos que qualquer
sonhador incomum pode estudar e compreender. Ele
*alcançou seus objetivos, e ninguém jamais igualou seus
feitos.*

Seus sonhos também são *possíveis!*

A realização deles está *mais perto* do que você
imagina.

Seus sonhos também são necessários e essenciais.

Acorde. Chegou sua vez de fazer algo significativo
na vida. Ela está escorrendo por entre seus dedos a cada
minuto do dia. Espero que minhas palavras brilhem
sobre você como o despontar de um milhão de sóis. Peço
a Deus que elas mudem sua maneira de pensar.

Quando Salomão buscou a realização de seu desejo
de construir o templo, Deus *se envolveu* no projeto.
Aquele rei recebeu instruções, as respeitou e as seguiu.

Ele não poupou recursos.

O plano era meticuloso e detalhado.

*Salomão decidiu realizar algo que nunca havia
sido feito.*

Esse é um dos segredos que contribuíram para que
ele se tornasse o homem mais rico que já existiu.

≈ 2 ≈

SALOMÃO DESEJAVA INTENSAMENTE REALIZAR SEU SONHO

Salomão Sabia O Que Queria Alcançar. Poucas pessoas sabem perfeitamente o que desejam. Não se dão conta de que ou o sonho nasce dentro delas ou o "tomarão emprestado" de outra pessoa. Já conversei com muitas pessoas e ouvi-as admitir que seu projeto de vida atualmente é algo que a mãe ou o pai desejou para elas, ou então que lhes pareceu uma oportunidade interessante. A maioria das pessoas não busca realizar o projeto que brota em seu íntimo. Porém...

▶ Pessoas dedicadas se tornam *influentes*.

▶ Pessoas dedicadas produzem *entusiasmo*.

▶ Pessoas dedicadas estimulam a *colaboração* daqueles ao seu redor.

▶ Pessoas dedicadas permanecem *focadas* em seus sonhos.

Salomão tinha o desejo de construir um monumento incrível e magnífico a Deus — o templo e a casa do Senhor. Ele não consultou um comitê e não pediu a aprovação de seus sobrinhos. Não apresentou uma pesquisa para os líderes dos países vizinhos. Em vez disso estabeleceu um plano com diretrizes claras para a construção.

O leitor sabe o que deseja alcançar na vida? Por

que feito deseja ser lembrado? Que projeto atualmente o *estimula?* Quando está sozinho, afastado de todos, o que deseja realizar ou possuir? *A busca incessante por um objetivo é o melhor remédio para o sofrimento.* Crie seu próprio "poço de bênçãos" na área de sua vida que mais o faz sofrer. Aqueles que realizam grandes feitos aprendem a usar as feridas emocionais do passado e retiram delas um plano para o futuro.

15 Verdades Que O Ajudarão A Alcançar Um Sonho Incomum

1. Os Sonhos Nascem Em Nosso Íntimo Ou Os "ToMamos Emprestado" de Alguém. Pare de tomar emprestado os sonhos de outros. Seja criativo. Use a imaginação. Pense "ilogicamente" por alguns dias. O que tentaria realizar se tivesse certeza de que não poderia fracassar?

2. A Princípio Seu Sonho Pode Exigir Incentivo de Outras Pessoas. Eventualmente, porém, seu projeto irá estimulá-lo de tal maneira que passará a motivar outras pessoas a segui-lo!

3. Nem Sempre Seu Sonho Exigirá Ou Obterá A Aprovação de Todas As Pessoas Que Você Ama. Algumas irão rejeitar a idéia, outras terão inveja de você, e outras ainda estarão envolvidas demais consigo mesmas para se importar.

4. Seu Projeto Pode Ter Início Com Base Nos Planos Que Você Tem Atualmente. Grandes realizações sempre começam com pequenos feitos. Uma semente de carvalho se transforma numa árvore gigantesca.

5. Você Já Tem O Necessário Para Dar Início Ao Seu Sonho Incomum: O Desejo de

Vencer. Alimente esse sentimento, e ele se tornará mais forte. Continue investindo nele, e se tornará uma espécie de obsessão. Esta servirá como um ímã para atrair pessoas a tomar parte em seu sonho.

6. Para Realizar Seu Sonho, Você Precisará Ter O Anseio Genuíno de Realizá-lo. O leitor já observou um bebê brincando com a comida? Ele não está realmente com fome. Prefere descer da cadeirinha e brincar com seus amiguinhos. Pare de perder tempo. Nunca irá realizar seu desejo se não estiver "faminto" por ele.

7. Seu Sonho Deve Tornar-se Uma "Obsessão". Muitos fatores são importantes, mas seu sonho sempre determinará o que irá fazer em primeiro lugar, todos os dias.

8. Seu Sonho Deve Ser Estimulante O Suficiente Para Levá-lo A Modificar A Sua Rotina Diária. Seu desejo deve ser singular o bastante de maneira a atrair sua atenção, forte o suficiente para mantêlo focado no objetivo, e bastante gratificante para merecer sua atenção total.

9. Um Sonho Incomum Exige Atenção Imediata. Mova-se. Aja de maneira rápida e decisiva. Evite tudo que seja temporário ou ilusório.

10. Seu Sonho Exige Total Dedicação. Se estiver focado, você permanecerá estimulado, demonstrando criatividade e agindo com persistência. Assim poderá livrar-se de todos os compromissos desnecessários. Pessoas passivas podem considerar sua presença desconfortável. Seu plano as intimida, por isto irão buscar outros que alimentem a preguiça e a passividade delas.

11. Seu Sonho Pode Exigir Uma Mudança Geográfica. Você deseja estar em algum outro lugar? Onde? Por que não está tomando uma atitude para realizar isso?

12. Seu Sonho Sempre Irá Demandar A Assistência de Outras Pessoas. Quais as dez pessoas necessárias para dar início e ajudar você a alcançar o desejo que possui em seu coração? Escreva o nome delas. O que você espera de cada uma? Seja específico. Liste exatamente o que deseja que elas façam.

13. Seu Sonho Pode Exigir Grandes Negociações Com Outras Pessoas. Sam Walton agiu assim. Quando decidiu montar a maior loja de departamentos dos EUA, foi até seus fornecedores. Negociou com os proprietários das principais companhias, tentando conseguir preços mais baixos para seus produtos.

Ele apresentou seu plano e disse: "Preciso de sua cooperação". Ele insistiu, lutou e negociou até o fim. Sam Walton desejava oferecer aos seus clientes os melhores preços do país, e exigiu o mesmo dos fabricantes. Negociou com eles até garantir a cooperação de cada um e os recompensou com encomendas imensas e grande lucro.

Sam Walton conhecia o segredo para realizar seu sonho.

14. Elabore Seu Cronograma Diário Com Base Em Seu Sonho. Estabeleça cada compromisso de acordo com seu projeto.

15. Você Deve Estimular E Proteger Os RelacioNamentos Ligados À Realização de Seu Sonho. Mencione seus planos em todas as conversas que tiver. Quando um amigo lhe perguntar o que quer ganhar de presente, escolha algo relacionado a seu sonho.

Dexter Yager é um dos homens mais estraordinárias que conheço. Ele é um verdadeiro campeão. Aconselho-o a ler seu livro intitulado: *Don't Let Anybody Steal Your Dream* [Não deixe que roubem seu sonho]. Na página 33, Dexter diz: "O indivíduo bem-sucedido se associa com pessoas que podem apoiar seu sonho". Creia nisso!

Deseje intensamente realizar seu sonho como Salomão fez. Esse é um dos principais segredos que contribuíram para que ele se tornasse o homem mais rico que já existiu.

Você Só Terá Êxito
Significativo, Com
Algo Que Lhe É
Uma Obsessão.

-MIKE MURDOCK

≈ 3 ≈

SALOMÃO FEZ DA
SABEDORIA SUA OBSESSÃO

Salomão Fez Da Sabedoria Sua Obsessão E O Objetivo de Sua Vida. Nosso nome é algo muito importante. Ele gera uma imagem na mente das pessoas. Quando ouvimos alguém mencionar Thomas Edison pensamos em invenções, não é mesmo? Com certeza. O nome Henry Ford nos faz pensar em automóveis, e o dos irmãos Wright, em aviões.

Quando alguém fala em Salomão, imediatamente pensamos em *Sabedoria*. Por quê? *Essa era a obsessão e o objetivo maior da vida daquele homem.* Nenhum outro ser humano é reconhecido como tendo uma Sabedoria comparável à de Salomão. Centenas de anos depois de sua morte, Jesus mencionou a Sabedoria desse rei. (Veja Mateus 12:42.)

O desejo de Salomão por Sabedoria era o que o *distinguia* dos demais.

Milhares buscam riqueza. Milhões desejam alcançar fama. Entretanto, não era assim com Salomão. Quando pediu a Deus que lhe concedesse Sabedoria, Deus respondeu com uma declaração notável, registrada em 1 Reis 3:11-13: "Já que você pediu isso e não uma vida longa nem riqueza, nem pediu a morte dos seus inimigos, mas discernimento para ministrar a justiça, farei o que você pediu. Eu lhe darei um coração sábio e capaz de discernir, de modo que nunca houve nem haverá ninguém como você. Também lhe darei o que você não pediu: riquezas e fama, de forma que não haverá rei igual a você durante toda a sua vida". O sucesso de Salomão era evidente. Todos em sua época comentavam a respeito disso.

Líderes mundiais ansiavam por encontrar-se com ele. As pessoas valorizavam e seguiam seus conselhos. Alguns momentos na presença daquele rei proporcionavam memórias preciosas para a vida de grandes homens daqueles dias. As riquezas proporcionaram dádivas inesquecíveis e incomparáveis a Salomão.

Ele buscou o mais importante. Em Provérbios 4:7, vemos que a Sabedoria é o principal. Os escritos antigos nos ensinam que a *Sabedoria* é o que há de mais importante nesta terra. Salomão descobriu que ela garante *riqueza,* proporciona *amizades* e é mais preciosa do que o ouro e a prata.

Salomão estava ciente da grandiosidade da sua Sabedoria e registrou as *recompensas* que obteve por causa dela.

Vejamos o seguinte relato dos feitos notáveis daquele rei, mencionados em Eclesiastes 2:4-9: "Lancei-me a grandes projetos: construí casas e plantei vinhas para mim. Fiz jardins e pomares e neles plantei todo tipo de árvore frutífera. Construí também reservatórios para irrigar os meus bosques verdejantes. Comprei escravos e escravas e tive escravos que nasceram em minha casa. Além disso, tive também mais bois e ovelhas do que todos os que viveram antes de mim em Jerusalém. Ajuntei para mim prata e ouro, tesouros de reis e de províncias. Servi-me de cantores e cantoras, e também de um harém, as delícias dos homens. Tornei-me mais famoso e poderoso do que todos os que viveram em Jerusalém antes de mim, conservando comigo a minha Sabedoria".

Mas Salomão também conheceu o fracasso, que geralmente produz Sabedoria. Ele mencionou sua grande depressão e escreveu a respeito de momentos de incrível sofrimento. Ele era bastante sincero sobre o que sentia, nunca escondendo a decepção resultante de suas perdas. "Por isso desprezei a vida", disse ele em Eclesiastes 2:17.

O pai de Salomão foi o rei Davi, o ilustre guerreiro e salmista, que desejava muito construir um templo, mas não pôde porque Deus decidiu que seu filho é quem iria fazê-lo.

Em 1 Crônicas 17:11-12 está registrada [a promessa de Deus a Davi]: "Quando a sua vida chegar ao fim e você se juntar aos seus antepassados, escolherei um dos seus filhos para sucedê-lo, e eu estabelecerei o reino dele. É ele que vai construir um templo para mim, e eu firmarei o trono dele para sempre".

Salomão recebeu uma das dádivas mais preciosas que qualquer ser humano já conheceu. Um estudioso afirmou que, quando a rainha de Sabá quis que Salomão respondesse a seus questionamentos, trouxe um presente no valor de mais de 4,5 milhões de dólares (120 talentos de ouro). Lemos em 1 Reis 10 que ela viajou de carruagem mais de 1900 quilômetros pelas montanhas para poder encontrar-se com aquele rei. Pensemos sobre isso por alguns momentos. Uma das rainhas mais ricas da terra trouxe um presente de quatro milhões e meio de dólares *apenas para garantir uma audiência com Salomão.*

Por quê? Porque a Sabedoria era a obsessão dele. Esse segredo contribuiu para que Salomão se tornasse o homem mais rico que já existiu.

A Atmosfera Que
Você Cria,
Determina O Produto
Que Você Produz.

-MIKE MURDOCK

4

SALOMÃO TINHA CONFIANÇA DE QUE PODERIA REALIZAR SEU SONHO

Nossa Autoconfiança Contribui Para Criar Uma Atmosfera Agradável Ao Nosso Redor. As pessoas que convivem conosco conseguem perceber nossa firmeza de propósito. Nossos pensamentos se destacam. *A atmosfera que criamos determina o resultado de nossos atos.* A auto-confiança estabelece um clima miraculoso.

Salomão cresceu convivendo com a grandeza. Seu pai foi o maior guerreiro que Israel já conheceu. A pessoa de Davi era o assunto da conversa de milhares de pessoas naqueles dias. Ele era conhecido de líderes competentes, influentes e poderosos.

Salomão cresceu na *casa dos incomuns,* o que contribuiu para aumentar seu senso de inferioridade. Quando se tornou rei, não havia lutado em nenhuma batalha nem escrito um livro. Apenas seus pais compreenderam e discerniram seu destino.

Isso fez com que Salomão se tornasse humilde. Ele sabia do que carecia. Muitos têm consciência de que lhes falta algo, mas poucos descobrem o quê. Diferente de seu pai, Davi, Salomão nunca havia matado um urso ou um leão. Não havia matado gigantes também. Entretanto, ele tinha uma arma secreta que poucas pessoas possuem. *Salomão contava com a Arma da Humildade.* Isso lhe permitia reconhecer seus limites. Ele pediu a Deus que lhe desse Sabedoria e força. Buscou ajuda *sobrenatural,* e recebeu. Sua confiança, sua fé e sua Sabedoria tornaram-se o assunto das conversas entre o povo da época.

7 Passos Que Promovem A Autoconfiança

1. Dê-se Conta de Que O Criador Deseja Que Coisas Boas Aconteçam A Você. Em Tiago 1:17, está escrito: "Toda boa dádiva e todo dom perfeito vêm do alto, descendo do Pai das luzes, que não muda como sombras inconstantes".

2. Certifique-se de Que Seu Sonho Não Contraria As Leis de Deus Ou dos Homens. Sua consciência deve estar em paz para que as melhores idéias possam surgir. Você não deve tentar realizar nada que deixe seu coração, sua alma ou sua mente atribulados. As sementes da grandeza desenvolvem-se melhor no solo da paz. Esse é precisamente o significado do nome de Salomão: "Paz".

3. Sempre Faça Declarações de Fé Com Respeito Ao Seu Sonho. As palavras têm grande importância. Elas podem *levar-nos* ao nosso sonho ou afastar-nos dele. Você deve sempre declarar sua esperança no futuro. Se alguém se aproximar com dúvidas ou descrença, rejeite essas palavras com ousadia e *não as acolha no íntimo.* Deixe que as pessoas percebam claramente que grandes coisas estão acontecendo em sua vida. Lembre-se: sua fé é como um músculo que se desenvolve e tornar-se mais forte pelo uso contínuo.

4.   Relacione-se Com Pessoas Cuja Busca de Realização de Seus Objetivos Seja Mais Intensa do Que A Sua. Procure estar sempre cercado de indivíduos grandiosos. Quais são as pessoas mais bem-sucedidas que você conhece? Que indivíduos obtiveram sucesso na mesma área em que você deseja atuar? Procure encontrar-se com eles. Convideos para almoçar. Faça perguntas, entreviste-os e receba as informações que eles têm para oferecer. Não se sinta obrigado a contar-lhes todos os seus planos. Simplesmente ouça e coloque em prática os conselhos que lhe derem. Permite que eles o estimulem sempre que possível.

5.   Lembre-se de Que Seu Sonho É Uma Semente Especial Que Você Está Lançando No Coração de Outros. Às vezes as pessoas se sentirão estimuladas com suas idéias. Entretanto, haverá ocasiões em que as mais próximas a você *não estarão prontas para receber* o que você tem a dar. Um fazendeiro sabe que o solo exige cuidados antes de lançar as sementes. De maneira semelhante, a mente e o coração das pessoas que você ama precisam ser preparados. Seja paciente.

6.   Lembre-se de Que Seu Sonho Pode Intimidar As Pessoas Próximas A Você E Fazer Com Que Elas Se Sintam Pouco À Vontade. É importante entender que o sonho que você tem é *apenas seu*. Outras pessoas não *sentem* o mesmo que você, não *enxergam* o que você vê e não *sabem* o que você sabe. Como podem compreender sua alegria se não experimentarem as tristezas que você já atravessou? É verdade que as pessoas próximas a você podem julgá-lo ou interpretá-lo erroneamente, porque se sentem desconfortáveis. Se tentar forçá-las a aceitarem seu projeto e seu entusiasmo, você pode terminar intimidando-as. Talvez não estejam compreendendo o que você já sabe. Você se sente estimulado com o sucesso, enquanto elas apenas esperam sobreviver. Anos atrás, desenvolvi um projeto com uma excelente organização. O jovem que eu contratei para realizar a estratégia de *marketing* estava muito entusiasmado. Ele compreendeu minha visão. Aquela companhia era idônea, e milhares de pessoas já haviam obtido sucesso usando de seus serviços. Ele mal podia esperar para chegar em casa e contar à sua família o que havia acontecido.

Alguns dias depois, decidi telefonar e ver como ele estava se saindo.

Estou aguardando ansiosamente nossa reunião amanhã — disse eu, entusiasmado.

Acho que não poderei comparecer — ele respondeu, com um tom de desânimo.

É claro que poderá! — eu retruquei.

Não. Conversei com minha família a respeito de meu sonho e de meus objetivos. Eles riram de mim. Ninguém acha que isso pode tornar-se realidade. As esperanças daquele jovem foram destruídas porque compartilhou seu sonho com pessoas incapazes de dar-lhe o devido apreço.

7. Mantenha A Chama Acesa. Separe tempo para investir em seus sonhos. Converse a respeito deles. Invista neles. Cubra as paredes de seu quarto com fotografias e imagens que o ajudem a visualizar seu sonho. Você não conseguirá estimular ninguém a menos que tenha acendido essa chama em seu íntimo.

Qual seu maior sonho, atualmente? Está disposto a dedicar *tempo* e atenção a ele? Deseja estabelecer *metas* para que se torne realidade? É preciso um plano de ação específico para que seu sonho aconteça. Esse plano gera autoconfiança.

4 Tipos de Pessoas Que Sempre Fracassam:

Os indecisos, os pouco instruídos, os desatentos e os desanimados. O entusiasmo daquele jovem intimidou seus familiares. Milhões de pessoas têm vivido uma realidade igualmente sem graça. *A Pior Tragédia Da Vida É Não Ter Desejo de Realizar Algo.* A mente de uma pessoa assim é como um campo imenso onde ninguém plantou nada. Nada merece crescer ali. Essa pessoa nunca realizará feitos grandiosos ou milagres, e sua vida nunca será incomum. Aprenda a reconhecer essa tragédia e permaneça focado, entusiasmado e feliz.

Salomão tinha autoconfiança, e tornou-se o homem mais rico que já existiu.

Todo Problema É
      Sempre Um Problema
de Sabedoria.

-MIKE MURDOCK

⪼ 5 ⪻

SALOMÃO RECONHECIA SUAS LIMITAÇÕES

Ninguém Sabe Tudo.
Salomão reconheceu carecer de um poder maior do que o que possuía. Esse foi um dos principais e mais importantes segredos de sua vida. Vejamos essa confissão incrível e poderosa constante em 1 Reis 3:7: "Mas eu não passo de um jovem e não sei o que fazer".

10 Verdades Que Você Precisa Saber A Respeito de Suas Limitações

1. **Todos Temos Fraquezas.** Algumas pessoas sabem de suas limitações, mas poucas são as que as assumem abertamente.

2. **Admitir Nossas Fraquezas Contradiz A Maioria dos Ensinos "Motivacionais" Da Atualidade.** Isso vai contra todos os princípios de auto-ajuda ensinados no mundo dos negócios hoje em dia. Em seminários sobre autoconfiança, geralmente os preletores frisam que nunca devemos dizer que "não podemos fazer algo". Alguns instruem os participantes a bater no peito, dar gritos ou agir para se livrarem de uma fraqueza, um problema ou uma limitação pessoal.
É por isso que continuam fracassando.

3. **Se Não Aceitamos Nossas Limitações, Nunca Buscaremos Superá-las.** Se ignoramos uma

fraqueza, ela cresce e se multiplica. Não devemos negar nossos erros. Enfrentá-los é o segredo para vencê-los.

4. Reconhecer Nossas Limitações Libera Grande Energia Em Nosso Íntimo. Agindo assim, libertamos a mente de imediato para buscar soluções e motivar outras pessoas a ajudar-nos. Isso nos libera e nos estimula. Salomão conhecia o princípio e o poder da integridade pessoal. Se houvesse ignorado suas fraquezas, sua vida teria ficado estagnada. Ele era como uma "antena", atraindo informações, ajuda e estímulo de outras pessoas. Salomão conhecia o princípio e o poder da integridade pessoal.

5. Quando Reconhecemos Uma Fraqueza, Estimulamos A Compaixão de Outras Pessoas. Em uma viagem recente ao estado americano da Geórgia, meu assistente de viagem se deu conta de que não conhecia bem a região onde estávamos. Sugeri que ele parasse para pedir informações. Entramos em um estabelecimento, e todos os funcionários dali se prontificaram a nos ajudar. Na verdade sentiram-se felizes e satisfeitos em fazê-lo. Consegui muito mais informações do que realmente precisava. *É da natureza humana ajudar o próximo.* Isso é algo normal e natural que Deus colocou dentro de nós. Assim que aquelas pessoas perceberam que eu precisava de ajuda, sentiram-se movidas no íntimo para me oferecerem atenção, compaixão e estímulo.

6. Quando Tentamos Fazer Tudo Sozinhos, ImpediMos Que Outras Pessoas Se Aproximem de Nós. Elas se sentem insignificantes, sem importância, como se sua participação não fosse necessária. Assim desperdiçamos a "mina de ouro" que trazem dentro de si. Lembremo-nos de que a arrogância repele as pessoas. O orgulho nos afasta dos demais, em vez de atraí-los até nós.

7.   As Pessoas Desejam Prestar Auxílio. Se formos sábios, permitiremos que outras pessoas participem de nossos sonhos e de nossa vida. Elas precisam disso e nós também. Você já sentiu o coração apertado quando seu filhinho diz: "Papai, não consigo abotoar minha camisa. Pode me ajudar?" Algo dentro de nós nos impele a largar o que estivermos fazendo para ajudar nosso filho. Por quê? Por que ele precisa de nós.

8.   Sempre   Haverá   Algo   Que   Não Conseguimos Discernir. As pessoas próximas a nós geralmente enxergam o que não conseguimos ver! É por isso que são importantes em nossa vida e na realização de nossos sonhos. Isso não significa que nosso instinto e nossa intuição estejam errados. Entretanto, eles são limitados, restritos e incompletos.

9.   Outras Pessoas Podem Enxergar Algo Que Não Vemos. Sempre há algo oculto ao nosso redor; alguma coisa que não conseguimos enxergar, sentir ou reconhecer. É por isso que nossas opiniões e conclusões às vezes são incorretas. Podemos ficar tão envolvidos na realização de nosso sonho que falhamos em perceber o sofrimento, o tormento e as feridas emocionais das pessoas ao nosso redor. Podemos tornar-nos tão obcecados com nosso projeto que fracassamos em ouvir o clamor e o desejo dos outros.

10.   Sonhos   Incomuns   Exigem   Que Busquemos A Opinião de Outras Pessoas. Converse com aqueles próximos a você, e não hesite em pedir que eles digam o que pensam da situação.

Reconheça que existe um poder maior e que você carece de seu Criador. Existem muitas crenças no mundo. Para uma pessoa que busca analisar todos os detalhes, isso pode ser perturbador. Quem tem razão?

Quem realmente conhece a verdade? Parece haver tantas contradições. Mesmo quando lemos as Escrituras encontramos muitos questionamentos sem resposta.

O *primeiro passo* para encontrar a verdade é reconhecer tudo de errado que existe em nossa vida. O *segundo passo* é reconhecer que precisamos da verdade.

O *terceiro passo* é buscar e perseguir a verdade continuamente.

Na página 45 de seu livro *Well Done* [Bem feito], Dave Thomas, executivo da Wendy's International diz: "Muitas das pessoas que vêm até mim — principalmente desde que me tornei militante a favor de casos de adoção — dizem que irão orar por mim. Acredito nelas, porque preciso de toda ajuda que puder conseguir. Realmente sinto-me grato pelas pessoas que oram por mim".

Se agimos de maneira independente do Criador, sempre produziremos tragédias — geralmente várias delas.

Anos atrás, faturei centenas de milhares de dólares com minhas composições. Eu colocava o dinheiro numa conta especial e planejava viver apenas dos juros. Decidi que nunca mais dependeria de ninguém. Então um dia uma voz falou à minha consciência, dizendo: *"Cada passo que você dá em direção à auto-suficiência é um passo para longe de mim".* Fiquei paralisado. Percebi que estava desejando viver alheio ao maior poder de todos, o de meu Criador.

Deus planejou que a vida seja uma experiência de fé. Esse fluir produz energia, criatividade e entusiasmo em tudo que fazemos.

Recentemente, um adolescente disse que queria sair de casa. Ele detestava suas tarefas familiares e as restrições que seus pais lhe impunham. Serei independente de todos. Não confio em ninguém e não irei depender de ninguém. Obterei sucesso sozinho — declarou ele, orgulhosamente. Se você fugir de casa, como chegará ao aeroporto? — perguntei eu. Pego um táxi — ele respondeu instantaneamente. Bem, então vamos rever cuidadosamente o que terá de fazer. Quando iniciar sua vida independente de todos os demais, irá pegar o telefone (que pertence ao seu pai) e conversará com a telefonista, que lhe dará o número da companhia de táxi. Então o motorista virá para levá-lo ao aeroporto. Ali você dará dinheiro ao agente de viagens para comprar uma passagem. Então o piloto o levará até alguma cidade.

Você está afirmando que sua vida será independente de todos, mas na verdade está pedindo que várias pessoas participem do que está fazendo.

Ele ficou boquiaberto. Eu nunca havia pensado na situação dessa maneira.

As pessoas ao nosso redor têm participação em tudo que fazemos. Apenas um tolo não percebe isso.

Salomão foi o homem mais rico que já existiu.

Ele obteve sucesso porque reconhecia suas limitações.

Você pode obter sucesso na vida.

Você pode conquistar amizades incríveis.

Você pode adquirir recursos financeiros que nunca imaginou.

Entretanto, nunca fará isso sozinho. *A vida é uma coleção de relacionamentos* e estes compensam tudo aquilo que não possuímos.

Enquanto persegue seus sonhos e objetivos, pegue uma folha de papel e faça o que um dos homens mais ricos nos EUA sugere. Steven K. Scott, co-fundador da

American Telecast Corporation, diz em seu livro intitulado *A Millionaire's Notebook* [Caderno de anotações de um milionário]: "Elabore uma lista de suas maiores fraquezas, tanto na área pessoal como na profissional — falta de educação acadêmica, falta de realizações profissionais, impaciência, etc". Isso o ajudará a reconhecer seus pontos fracos e a *atrair* aquelas pessoas que podem ajudá-lo a superá-los.

Salomão compreendeu que não podemos seguir bons conselhos se não reconhecermos que precisamos deles. Esse foi um dos segredos que contribuíram para que ele se tornasse o homem mais rico que já existiu.

⮞ 6 ⮜

SALOMÃO FALAVA COM OUSADIA SOBRE SEU SONHO

Nosso Sonho Deve Ser Tão Grande Que Não Conseguiremos Ficar Calados.
Assim se deu com Salomão. Em 2 Crônicas 2:5 ele disse: "O templo que vou construir será grande".
Nosso sonho deve ser tão grande a ponto de fomentar conversas ao nosso redor.
Esse é um ponto muito importante. Nosso sonho deve ser grande o suficiente para ocupar nosso tempo, do contrário não nos irá estimular. E deve tomar conta de nosso cotidiano, de nossos pensamentos e de nossas conversas.
Vejamos as palavras de Salomão em 1 Reis 5:5: "Pretendo, por isso, construir um templo em honra ao nome do Senhor, o meu Deus, conforme o Senhor disse a meu pai Davi: 'O seu filho...construirá o templo em honra ao meu nome'".
Quando nos apaixonamos, queremos contar para todos como nos sentimos. Simplesmente não conseguimos ficar quietos. Sentimos o coração arder de entusiasmo. Voltamos nossos pensamentos para a pessoa por quem estamos atraídos.
Contar aos outros nosso sonho também anula a possibilidade de fracasso.

Um dos grandes exploradores do Novo Mundo queimou os navios depois de desembarcar. Assim ele garantiu que sua tripulação enfrentaria o desafio que se levantava diante deles. Devemos agir da mesma maneira. Se sussurramos para nós mesmos: "É melhor não contar a ninguém a respeito de meu sonho. Se eu fracassar, eles vão achar que sou tolo", esse tipo de atitude *cria uma ponte de volta ao passado*. Não devemos fazer isso. Tal comportamento divide nossa atenção e consome nossas energias e nosso entusiasmo. Ficaremos ocupados com coisas antigas, em vez de nos voltarmos para o futuro.

Temos de contar nosso sonho às pessoas com ousadia. Isso faz toda a diferença para garantir nosso sucesso. Por acaso o leitor se sente constrangido com seus sonhos? Então *pense novamente* a respeito deles. Algo está faltando. Nossos planos devem *estimular o desejo* em nosso íntimo. *Eles devem fazer-nos acordar mais cedo* do que as outras pessoas e levar-nos a dar continuidade ao nosso projeto, todos os dias.

Uso um belo bracelete de ouro no qual mandei gravar o peso que desejo alcançar. Isso me mantém *focado e estimulado*. Quando olho para o bracelete, consigo me visualizar com aquele peso ideal. Contei à minha família e à minha equipe a respeito de meu objetivo.

O que acontecerá se eu fracassar? Isso não irá ocorrer. Entretanto, entendo o que é necessário para estabelecer uma atmosfera de *expectativa* ao redor de minha vida. É verdade que aqueles que não esperam nada de si próprios ou para sua vida, vivem de acordo com as expectativas de outras pessoas.

Isso aconteceu com o pai de Salomão. Davi contou aos seus irmãos, ao rei Saul e a todo o exército sobre suas intenções de matar Golias. Ele não podia retroceder. Declarou sua intenção com as próprias palavras.

Creio piamente que algo notável acontece em nossa vida *quando buscamos nosso sonho de maneira ousada*, com confiança e dedicação. Os obstáculos se removem de nosso caminho. Aqueles que poderiam opor-se ficam constrangidos. Mostram-se relutantes a resistir e a confrontar-nos. Quando declaramos nosso sonho, os duvidosos são forçados a expor-se ou a permanecer em silêncio. De qualquer maneira, isso nos ajuda. Quando mencionamos nosso objetivo nossos inimigos ficam irrequietos e se revelam. Isso expõe suas estratégias e nos ajuda a preparar-nos para a batalha.

Noé anunciou que ia chover. Ele não podia retirar o que disse. Assim sua fé passou a enfocar aquele objetivo. Ele não poderia mais usar a dúvida como refúgio. As pessoas estavam esperando para ver se ele realmente era profeta. (Obviamente não é necessário e nem mesmo aconselhável contar todos os detalhes de nosso plano. Algumas partes dele exigem discrição e devem ser mantidas em segredo).

8 Acontecimentos Milagrosos Acontecem Quando Declaramos Nosso Sonho Com Ousadia

1. Aqueles Que Acreditam Em Nós E Nos Apóiam Ficarão Estimulados. Desse modo damos a eles o motivo e o propósito para participarem conosco. As tarefas deles se tornam claras e cancelamos qualquer outra opção ou alternativa em potencial.

2. Aqueles Que Nos Apóiam Terão Idéias Criativas Para Nos Ajudar. Essas pessoas irão lembrar-se de fornecedores, contatos e oportunidades de negócios relacionadas ao nosso sonho. Porém, se permanecermos em silêncio e não mencionamos nossos objetivos, essas pessoas ficarão distantes e quietas, fechadas em seu mundinho limitado.

3. Aqueles Que Se Opõem A Nós Podem Repentinamente Mudar de Idéia E Decidir Trabalhar Conosco. A ousadia influencia as pessoas. Ela transforma um obstáculo em potencial numa oportunidade de sucesso. Os fracos geralmente se tornam fortes na presença de pessoas ousadas. Nossas atitudes fazem com que outros descubram o reservatório invisível de energia, de entusiasmo e de propósito que permanece adormecido em seu íntimo. Os fracos geralmente se tornam fortes na presença de pessoas ousadas.

4. Aqueles Que Discordam de Nós São Forçados A Se Expor Publicamente. A reação dessas pessoas demonstrará isso. Aqueles que se opuserem a nós em particular, diante de nossa declaração pública terão de reagir perante os indivíduos que tentaram influenciar-nos contrariamente. Nesse momento, podem apresentar todos os motivos pelos quais (segundo eles) não iremos obter sucesso. Isso nos servirá de ajuda, pois como diz meu querido amigo Sherman Owens: "Os infelizes geralmente nos fornecem idéias incomuns".

5. Se Declaramos Nosso Sonho Com Ousadia, Torna-se Mais Difícil Fracassar. Nossa declaração cancela a opção de retroceder, libertando-nos para que nos dediquemos aos métodos que produzirão sucesso. Um fluxo incrível de energia, entusiasmo e novas idéias é liberado em favor de nosso sonho. *Sentimos nosso coração ser estimulado.* Ninguém consegue explicar isso. As palavras têm muito poder. Quem pratica artes marciais sabe que até mesmo os gritos da multidão podem influenciar o lutador na arena. **6. Quando Falamos de Nosso Sonho Com Ousadia, Instantaneamente Criamos Uma Conexão, Um Denominador Comum, Com Todos Aqueles Que Sempre Desejaram Alcançá-lo.** Outras pessoas se sentirão satisfeitas em ajudar-nos, porque nos unimos a todos, instantaneamente, com um objetivo comum. **7. Quando Falamos de Nosso Sonho Com Ousadia, Expomos Nossos Inimigos.** Quando eles percebem nossa coragem, apressam-se em nos impedir. Isso sempre nos dá uma vantagem, porque *é mais fácil derrotar um inimigo exposto.* Porém, se essas pessoas permanecerem escondidas, serão muito mais perigosas. *É mais fácil derrotar um inimigo exposto.* **8. Quando Falamos de Nosso Sonho Com Ousadia, Identificamos As Tarefas Supérfluas Que Não Contribuem Para Realizá-lo.** *Assim podemos evitálas.* As pessoas ao nosso redor precisam conhecer nossas prioridades, do contrário iremos assumir centenas de pequenos fardos ao longo da jornada que podem não ter nenhuma relação com o que desejamos realizar. *Quanto mais cedo os identificarmos, mais facilmente poderemos fugir deles.*

Em Gênesis 37-41, lemos que José se deparou com essa situação quando declarou seu sonho aos irmãos. Imediatamente eles se voltaram contra ele. Aparentemente José cometeu um erro. Entretanto, a longo prazo, a ira de seus irmãos terminou por enviá-lo para o Egito onde, em poucos anos, tornou-se o homem mais poderoso e influente, abaixo apenas do faraó.

Fatos milagrosos ocorrem quando tomamos uma atitude e falamos sobre nosso sonho com ousadia. Salomão sabia disso. Esse foi um dos segredos que contribuíram para que ele se tornasse o homem mais rico que já existiu.

Um Futuro Incomum Exige Um Mentor Incomum.

-MIKE MURDOCK

☜ 7 ☞

SALOMÃO CONSULTOU OUTROS HOMENS QUE REALIZARAM FEITOS INCOMUNS

Algumas Pessoas Próximas A Nós Podem Dar-Nos Respostas. Salomão se deu conta disso. Ele registrou o desejo de encontrar-se com um rei que conhecia o segredo para realizar seu sonho — construir o templo. Em 2 Crônicas 2:3, lemos que "Salomão enviou esta mensagem a Hirão, rei de Tiro: 'Envia-me cedros como fizeste para meu pai Davi, quando ele construiu seu palácio'".

10 Qualidades das Pessoas Que Realizam Feitos Incomuns

1. Elas Consultam A Opinião de Outras Pessoas. Na página 59 de seu livro intitulado *It Ain't As Easy As It Looks* [Não é tão fácil como parece], um dos amigos mais íntimos de Ted Turner, Irwin Mazo, declara: "Naquela época, Ted recebeu bons conselhos, e na maioria das vezes os seguiu".

2. Elas Investem O Que For Necessário Para Descobrirem Os Segredos do Sucesso dos Outros. Alguns anos atrás, eu estava numa livraria com meu assistente. Ele ficou espantado quando decidi comprar um livro de $84 dólares. Por que está disposto a gastar tanto num livro? ele perguntou.

Filho, não estou apenas comprando um livro, estou pagando pela pesquisa e pela experiência do autor — respondi. Em algumas horas, irei aprender o que ele levou vinte anos para descobrir. Despender $84 dólares para conhecer vinte anos de pesquisas e experiência faz deste um de meus investimentos mais baratos.

Já li que 80% dos americanos não compram livros após completarem dezoito anos, e apenas sete em cada cem pessoas que seguem uma religião freqüentam livrarias de artigos religiosos.

3. Elas Valorizam Cada Momento Na Presença de Indivíduos Importantes. Quando estamos diante de pessoas grandiosas, devemos "encher nosso balde" em seu poço! Talvez não tenhamos uma segunda oportunidade. Quando conversar com um advogado, pergunte-lhe quais as três coisas mais importantes que precisa saber a respeito de assuntos legais. Se estiver na presença de um médico famoso, pergunte quais os três erros mais comuns que as pessoas cometem com relação à sua saúde. Quando estiver diante de uma mãe sábia, pergunte-lhe qual o segredo para estimular os talentos natos de uma criança. Temos pessoas notáveis à nossa volta, todos os dias. Nossa responsabilidade é aproximar-nos, trazê-las para perto e absorver o que têm para nos passar.

4. Elas Procuram Encontrar Indivíduos Que Também Realizam Feitos Incomuns. Quem já realizou o que você deseja fazer? Quem já alcançou grande sucesso na mesma área? O leitor tem planos de realizar algo grande no ramo dos imóveis? Encontre-se com os três principais corretores num raio de 300 quilômetros de sua residência. Marque uma reunião com cada um deles. Leve um gravador e um caderno e peça que lhe digam que perguntas deveria estar fazendo a si próprio! Recentemente um jovem me disse: Não sei o que deveria perguntar ao senhor! Então peça que eu lhe passe uma lista de perguntas importantes! — respondi. A vida é muito simples. *Algumas pessoas ficam tropeçando em pedregulhos, em vez de escalar montanhas.*

5. Elas Se Portam de Maneira Sábia Na Presença de Indivíduos de Sucesso. O protocolo é muito importante. A maneira como nos comportamos pode garantir-nos um segundo convite. A Bíblia fala muito a respeito do protocolo e de nossa conduta em presença de pessoas incomuns. A rainha Ester se deu conta disso enquanto meditava. Ela pensou bastante sobre como deveria mencionar ao rei as artimanhas de Hamã, amigo do monarca, e seus planos para matar os judeus. José se barbeou e mudou de roupa para aumentar a chance de ser aceito quando se aproximou do faraó para interpretar o sonho dele. Noemi aconselhou Rute a retirar a cevada grudada em seu cabelo e a mudar de roupa antes de aproximar-se do rico proprietário Boaz.

6. Elas Têm Expectativas Incomuns A Respeito dos Outros. Não podemos aproximar-nos delas e agir como se fossem gente comum.

7. Elas Estão Cientes de Suas Qualidades Incomuns. Talvez não reajam de imediato a nós. Talvez nunca nos demos conta da opinião que têm de nós.

8. Elas Avaliam Cuidadosamente Tudo Aquilo Com Que Travam Contato. Essas pessoas avaliam o risco e os benefícios em potencial e também as recompensas em qualquer empreendimento. Enxergam tudo à sua volta como um obstáculo ou uma fonte de auxílio; uma ponte ou uma barricada; um fosso ou um caminho; um problema ou uma solução; uma porta ou um muro. Se quisermos ter acesso contínuo a essas pessoas, devemos fazer por merecer.

9. Elas Geralmente Discernem Nossa Motivação E Nossas Atitudes Antes Mesmo Que Digamos Qualquer Coisa. Essas pessoas têm intuição e instintos incomuns. Podem avaliar nossas atitudes de longe, porque já estiveram expostos a gente astuta e enganosa. Seus instintos são como um radar. Quando nos aproximarmos de gente assim, não devemos agir com astúcia para tentar convencê-las. Não devemos tentar impressioná-las. Em vez disso, procuremos aprender com elas.

10. Elas Recompensam Aqueles Que Realmente As Respeitam, Concedendo-lhes Acesso Contínuo À Sua Presença.

4 Regras Para Conseguir Encontrar-se Com Pessoas Que Realizam Feitos Incomuns

1. Não Fique Mencionando Empreendimentos Passados. A melhor maneira de impressionar alguém é tentar não fazê-lo. Se a pessoa perguntar, apresente um resumo sucinto do que já fez na vida. Bastam trinta segundos. Ela não está interessada em saber o quanto somos grandiosos. Tem um cronograma a manter. Devemos respeitar suas prioridades.

2. Procure Conhecer As Realizações Da Pessoa Antes de Se Encontrar-Se Com Ela. Se desejamos ter uma reunião com um famoso advogado, por exemplo, devemos conhecer as três principais causas das quais ele participou. Devemos conhecer seus livros e compreender sua filosofia de vida. Muitos anos atrás, uma apresentadora de um programa de entrevistas quis encontrar-se comigo. O pastor da igreja na qual eu estava ministrando insistiu para que eu aceitasse o convite. Então, separei uma tarde, e fui até a estação de tv. Quando começamos a conversar, ela pareceu surpresa ao ficar sabendo que eu era músico. Você também compõe canções? — ela perguntou. Fiquei chocado. Já escrevi mais de cinco mil delas. Algumas são bastante conhecidas no mundo todo. Desperdicei uma tarde conversando sobre minha vida com alguém tão desinteressado que sequer se preparou para aquela entrevista. Encerrei a conversa rapidamente e tomei uma decisão. Só darei entrevistas a pessoas que tenham lido meus livros e demonstrem respeito por meu chamado divino. Meu tempo é precioso demais.

3.   Quando Conversar Com Alguém Que Realizou Feitos Incomuns, Fale A Respeito do Que Ele Acha Importante.

4.   Seja Sincero A Respeito do Que Deseja E do Que Espera Conseguir Com Aquela Reunião. Não devemos fazer rodeios. Precisamos ir direto ao assunto. Quando alguém diz que precisa conversar comigo por mais de cinco minutos, sei que provavelmente a pessoa não tem idéia do que irá perguntar a mim. Creio que 90% de todas as nossas conversas poderiam ser reduzidas para apenas cinco minutos sem qualquer perda de informação.

Salomão consultou outras pessoas que também realizavam feitos incomuns. Esse foi um dos segredos que contribuíram para que ele se tornasse o homem mais rico que já existiu.

O Que Ouvimos
Estimula Nossas
Emoções.

-MIKE MURDOCK

~ 8 ~

SALOMÃO AMAVA AS PESSOAS O SUFICIENTE PARA ENVOLVÊ-LAS EM SEU SONHO E EM SEU FUTURO

Nunca Devemos Subestimar A Importância das Pessoas.

Vivemos em um mundo onde todos estão sempre ocupados e apressados, e muitas vezes nos deixamos envolver no redemoinho de compromissos, tarefas e objetivos. Entretanto Salomão sabia que nunca poderia realizar seu sonho sem que outras pessoas estivessem envolvidas.

Ele compreendia profundamente a maravilha que é a humanidade. Em 1 Reis 3:9, lemos que aquele rei pediu a Deus uma Sabedoria extraordinária e especial: "Dá, pois, ao teu servo um coração cheio de discernimento para governar o teu povo e capaz de distinguir entre o bem e o mal. Pois, quem pode governar este teu grande povo?"

Salomão conseguia enxergar um tesouro escondido no íntimo das pessoas ao seu redor. Ele as via não apenas como servos e empregados. Não as considerava uma fonte de renda e impostos. Tinha um amor profundo que o levou a pedir a Deus uma capacidade incomum de abençoar e fortalecer aqueles a quem governava. *Salomão não tinha receio de pedir a outras pessoas para se envolverem na realização de seu sonho.* Certa vez um jovem se aproximou de mim após uma palestra. Ele estava tímido e hesitante. Queria que eu participasse de um projeto que ele desejava desenvolver, mas não conseguiu contar-me suas intenções. Depois que ele se afastou, pensei: "Esse rapaz nunca alcançará seus objetivos a menos que eles se tornem o que há de mais importante em sua vida".

Pedir é o primeiro passo para receber.

26 Fatos Que Pessoas Que Realizam Feitos Incomuns Sabem A Respeito das Outras

1. Sempre Necessitaremos Da Ajuda de Outras Pessoas.

2. O Sucesso É Uma Coleção de Relacionamentos. Sem clientes um advogado não consegue desenvolver uma carreira. Sem pacientes um médico não tem futuro. Sem platéia um cantor não tem para quem apresentar-se. Nosso futuro está relacionado às pessoas. Nosso sucesso depende da participação delas.

3. As Oportunidades Para O Sucesso Estão Ao Nosso Redor. Devemos procurá-las, ter esperança de alcançá-las e festejar quando isso acontecer. É preciso ir atrás delas e recompensar aqueles que as encontrarem.

4. O Principal Segredo Para Obter Algo Significativo É Inspirar As Pessoas Ao Nosso Redor A Assumir Um Compromisso Com Nossos Projetos Até Que Elas Os Adotem Como Se

Fossem Delas.
**5.	Cada Pessoa Tem Algo Diferente Para Acrescentar Em Nossa Vida.** Lembremo-nos sempre de que alguém próximo a nós precisa de algo que possuímos. Da mesma maneira essa pessoa tem algo de que necessitamos para realizar nossos sonhos e nossos objetivos. Cada um tem um conhecimento distinto. É nossa responsabilidade "lançar nosso balde" em seu poço e retirar algo. Como aprendemos em Provérbios 11:14: "Sem diretrizes a nação cai; o que a salva é ter muitos conselheiros". Algumas pessoas com quem convivemos são mais "lógicas" e outras mais "analíticas". Ainda outras se mostram criativas e estimulantes. Entretanto a contribuição de *cada uma* elas é fundamental.
**6.	Devemos Estar Dispostos A Ouvir.** Cada pessoa tem uma opinião distinta, sente de maneira diferente e percebe as situações de um modo particular.
**7.	Pessoas Próximas A Nós Sabem de Detalhes Que Precisamos Conhecer.** *Do contrário não obteremos sucesso.* Pare um pouco. Quando alguém quiser dizer algo, ouça. Um detalhe pode fazer a diferença entre o sucesso e o fracasso. A qualidade de nossas decisões depende de nossa capacidade de ouvir as pessoas.
**8.	Devemos Concentrar Nossos Principais Esforços Em Outras Pessoas.** Salomão cria que aqueles com quem se relacionava mereciam que ele se dedicasse ao máximo. Por isso orou a Deus pedindo Sabedoria para ajudá-las e direcioná-las. Ele se sentia responsável por melhorar a qualidade de vida dos israelitas. Em 1 Reis 3:8, Salomão disse que aquele era um "grande povo".
**9.	Devemos Estar Dispostos A Abençoar As Pessoas.** Salomão era humilde. O primeiro pedido que

fez a Deus foi por ajuda para que pudesse auxiliar seu povo a obter sucesso. Os arrogantes nunca se aproximam de ninguém. Eles tentam realizar tudo sozinhos.

10. Devemos Amar As Pessoas de Maneira A Compartilhar Nossa Vida Com Elas.

11. Devemos Amar As Pessoas de Maneira A Encontrar Meios de Recompensá-las.

12. Devemos Amar As Pessoas de Maneira A Preparar-nos E Mudar de Atitude Para Que Elas Obtenham Sucesso Graças A Nós.

13. Devemos Valorizar As Diferenças de Cada Indivíduo. Salomão travou contato com muitas culturas. (Ele era o principal comerciante de seus dias e o primeiro a enviar navios a outros países.) Muitos nunca valorizam o fato de que somos diferentes uns dos outros. As pessoas têm medo daqueles indivíduos que não conseguem compreender. Elas se afastam, criticam e se mantêm isoladas.

14. Devemos Identificar O Principal Dom Que Deus Concedeu A Outras Pessoas Para Nosso Benefício. Anos atrás, contratei uma jovem muito ativa e vibrante para coordenar minha gravadora. Todos gostavam muito dela e sentiam-se satisfeitos com sua presença. Como eu viajava muito, estava sempre ausente do escritório e era incapaz de supervisionar o trabalho dela. Quando finalmente tive a oportunidade de ver como estava se saindo, decepcionei-me. Ela não era nem um pouco organizada. O balanço financeiro estava bagunçado. Ela preenchia envelopes incorretamente e os documentos bancários não estavam em dia. Fiquei horrorizado.

Chamei-a ao meu escritório e expliquei, de maneira educada: Gosto muito de você e da atmosfera que você cria no ambiente de trabalho. Entretanto, terei de despedi-la. Depois que ela foi embora, percebi que o "clima" ficou bastante diferente, como se algo estivesse faltando. Nossa equipe perdeu a empolgação e o estímulo. Hoje me dou conta de que aquela jovem tinha a característica de uma "animadora de torcida", em vez de ter a da mentalidade de um técnico. *O dom que ela possuía para me oferecer era sua espontaneidade.* Entretanto, não era uma pessoa organizada. Se eu pudesse voltar atrás, colocaria aquela jovem num cargo diferente. Seu comportamento, seu entusiasmo e seu desejo de acolher as pessoas eram muito raros. Era ela quem instigava toda a equipe a seguir.

Geralmente casamentos fracassam porque o casal não compreende esse princípio. O marido pressiona para que a mulher mude. E a esposa faz o mesmo com o homem. A variedade causa transtornos. A imprevisibilidade tem suas recompensas. A organização gera seus próprios frutos.

15. Lembremo-nos de Que As Pessoas Precisam Ouvir Coisas Boas. Salomão estimulava os seus súditos sempre que se encontrava com eles. Em 1 Reis 10:8, está escrito: "Como devem ser felizes os homens da tua corte, que continuamente estão diante de ti e ouvem a tua Sabedoria!" *O Que Ouvimos Estimula Nossas Emoções.*

16. As Pessoas Ao Nosso Redor Podem Oferecer Soluções Para Nossos Problemas. Salomão pedia que todos o ajudassem.

17. Para Realizar Nosso Sonho Devemos Procurar Envolver O Maior Número Possível de Pessoas. Precisamos da ajuda delas. Salomão escreveu cartas a muitos indivíduos e procurou aproximar-se deles, pedindo que o ajudassem a construir aquele

templo extraordinário.
Ele ouvia *gente do povo*.
Ele ouvia *reis*.
Ele ouvia *líderes*.
Ele ouviu até mesmo duas prostitutas discutir.
Ele ouvia pessoas *entusiasmadas* buscando *estímulo* nelas sempre que as encontrava.

18. Até Mesmo Pessoas Infelizes Podem Contribuir Com Idéias Incríveis. Salomão, em busca de idéias, deu ouvido a pessoas infelizes. *Ele estimulava indivíduos talentosos para que estes o ajudassem.* Em 2 Crônicas 2:7, lemos as seguintes palavras de Salomão: "Por isso, manda-me um homem competente no trabalho com ouro, com prata, com bronze, com ferro e com tecido roxo, vermelho e azul, e experiente em esculturas, para trabalhar em Judá e em Jerusalém com os meus hábeis artesãos, preparados por meu pai Davi".

Aquele rei respeitava a habilidade das pessoas. Ele procurava encontrá-las, as recompensava e pagava bem por seus serviços.

19. Indivíduos Que Realizam Feitos Incomuns Percebem A Qualidade Nas Pessoas. Donald Trump, o milionário norte-americano, disse certa vez: "Sempre que encontro pessoas muito talentosas procuro contratá-las". Anos atrás, li que um dos principais segredos do sucesso do doutor Oral Roberts, fundador da universidade cristã que leva seu nome, era que ele passava um "pente fino" pelo mundo, buscando as pessoas mais qualificadas para integrar sua equipe.

20. Nosso Sucesso Na Vida É Diretamente Proporcional Ao Nosso Sucesso Em Relacionar-nos Com As Pessoas. Por acaso o leitor tem dificuldade em conviver com outros? Seus colegas de trabalho não gostam de você? Por quê? Aqueles que você supervisiona gostariam de ter outro chefe de departamento? Seja sincero consigo mesmo.

21. Cada Pessoa Tem Algo Diferente Para Oferecer.

22. Alguns Amigos Nos Estimulam. As palavras deles nos edificam e nos fazem sentir bem. Eles admiram nosso trabalho e nossas realizações, e transmitem entusiasmo quando alcançamos algum objetivo. A atitude positiva deles nos incentiva.

23. Alguns Amigos Analisam Nosso Comportamento E Fazem Críticas Construtivas. Também é necessário ter pessoas assim por perto. Nem sempre elas se mostram entusiasmadas e encorajadoras, mas seu escrutínio nos poupa de conseqüências trágicas e decisões errôneas.

24. Alguns Amigos Nos Deixam "Energizados". Quando temos gente assim à nossa volta, desejamos realizar nossos maiores sonhos e objetivos. Perto dessas pessoas fazemos planos grandiosos e agimos de maneira impulsiva. Passamos a assumir riscos. Enxergamos o potencial e as oportunidades em todas as situações. Amigos desse tipo são importantes para liberar nossa *fé*.

Salomão era uma pessoa brilhante. Ele se dava conta de que cada indivíduo tem sua própria maneira de enxergar uma mesma situação. Por ter se cercado da experiência, das opiniões e da perspectiva dessas pessoas, pôde assimilar a Sabedoria *delas*. Ele se transformou num "caldeirão" de conhecimento.

É verdade que cada pessoa que conhecemos não é necessariamente o tipo exato de gente de que precisamos em nossa vida. Talvez não nos sintamos à vontade na companhia de todos. Nem sempre sua presença será estimulante. Entretanto, cada pessoa tem uma contribuição valiosa quando realmente nos damos conta do que necessitamos.

25. Precisamos Conviver Com Pessoas das Mais Variadas Personalidades. Cada uma delas contribuirá para abrir nossas fronteiras, ensinar-nos e fortalecer-nos. Algumas estimulam nossa espontaneidade e liberdade de expressão.

Os tolos limitam-se a si mesmos.

Os sábios aceitam a participação de muitos.

Em Provérbios 11:14, lemos o seguinte: "O que a salva [à nação] é ter muitos conselheiros".

26. Podemos Desenvolver Habilidades Sociais. Isso exige tempo e também dedicação de nossa parte. Na maior parte das vezes, significa que teremos de ser totalmente sinceros. Peça que seu supervisor lhe sugira livros, seminários ou faça uma avaliação de seu desempenho. Esteja disposto a receber correções. Se ofender alguém, apresse-se em desculpar-se e demonstre um desejo sincero de crescer e mudar.

7 Segredos Para Conviver Bem Com As Pessoas

1. Não Se Preocupe Com As Falhas Delas, Mas Expresse-lhes Reconhecimento Quando Fazem Algo Correto.

2. Elogie As Pessoas Em Público E Em Particular.

3. Dê Crédito A Tarefas Cumpridas E A Boas Atitudes, E Esteja Sempre Pronto A Recompensar Aqueles Que O Ajudam A Alcançar Seus Objetivos.

4. Não Permita Que A Amargura Cresça Em Seu Íntimo. Não comente sobre seus conflitos com ninguém. Em vez disso, vá até a pessoa que o ofendeu, em particular. Corrija o problema. **5. Lembre-se de Que O Diálogo Sempre Produz Mudanças Milagrosas. 6. Lembre-se de Que As Palavras São Pontes Douradas Que Nos Tiram do Poço E Nos Levam Ao Palácio. 7. Demonstre Amor Às Pessoas, E Elas Farão O Mesmo Por Você.** Alguém já disse: "As pessoas não querem saber o quanto você é importante. Querem saber se você realmente se importa". E alguém também já disse: "Todos carregam uma placa invisível no pescoço com os dizeres: 'Por favor, diga que sou importante para você'". (Creio que essa frase é de Mary Kay Ash.) Lembrar desse simples detalhe pode fazer muita diferença.

As pessoas ao nosso redor podem parecer "estóicas", descompromissadas e desestimuladas. Entretanto, no íntimo de cada ser humano existe um desejo intenso de sentir-se necessário, querido e capaz. Não demonstre a ninguém que poderia viver facilmente sem ele. Lembre-se do quanto a presença dessas pessoas melhora a sua vida.

O principal segredo da vida de Salomão está na descrição que fez de seu povo. Ele o chamou de um "grande povo".

▶ As pessoas ao nosso redor são importantes. Devemos mostrar-nos dignos delas.

▶ As pessoas ao nosso redor podem *tornar-se* importantes. Devemos ser a ponte que as leva ao sucesso.

▶ Pessoas que realizam feitos incomuns *reconhecem* e *recompensam* outras que também realizam feitos incomuns.

Amar as pessoas foi um dos principais segredos que contribuíram para que Salomão se tornasse o homem mais rico que já existiu.

Protocolo É O Esperado
Comportamento
Que Comunica Honra
E Importância A
Um Ambiente.

-MIKE MURDOCK

≋ 9 ≋

Salomão Explicava Claramente As Expectativas Que Tinha A Respeito de Cada Pessoa

Devemos Sempre Revelar Nossas Expectativas. Salomão desenvolveu um plano cuidadoso. Delegou responsabilidades e sabia perfeitamente que tarefas designar às pessoas próximas a ele. Isso diminuía grandemente o estresse com o qual tinham de lidar.

Salomão explicava suas expectativas a outros líderes. Ele escreveu a Hirão, rei de Tiro, em 1 Reis 5:6, dizendo: "Agora te peço que ordenes que cor-tem para mim cedros do Líbano. Os meus servos trabalharão com os teus, e eu pagarei a teus servos o salário que determinares. Sabes que não há entre nós ninguém tão hábil em cortar árvores quanto os sidônios".

Devemos explicar claramente às pessoas o que esperamos delas. Por acaso elas receberam um contrato ou a descrição de suas tarefas, tornando mais fácil elas avaliarem seu próprio desempenho e permanecerem focadas nos objetivos? Essas instruções foram passadas por escrito? Diretrizes verbais podem ser mal-interpretadas, deturpadas e até mesmo esquecidas.

Salomão registrou com grande precisão e exatamente o que desejava que as pessoas fizessem. Isso evitava dúvidas e incertezas. Assim elas ficavam livres para se dedicarem às suas tarefas.

Recentemente conversei sobre esse assunto com um homem bastante competente. Ele é brilhante e mantém sua mesa bastante organizada. Entretanto, as pessoas que conviviam com ele pareciam sempre muito confusas, e isso o deixava perplexo. Quando começamos a conversar, descobri alguns detalhes interessantes.

Na verdade ele esperava que sua equipe *adivinhasse* o que ele pensava.

Esperava que todos demonstrassem a mesma *dedicação* que ele.

Não sabia das muitas distrações e interrupções que sua equipe enfrentava no dia-a-dia. Ele não mais tinha de lidar com o público e com as tarefas diárias, pois deixou seus funcionários a cargo disso. Aquele homem ficou isolado, alienado e distante. Em seu pequeno mundo ele era o rei. No entanto, as pessoas próximas a ele estavam confusas, porque não lhes concedia instruções precisas sobre o que esperava delas ou que compromissos tinham de cumprir.

Dizer claramente o que desejamos é um dos principais segredos para realizar feitos incomuns. (Conseguimos falar quatro a seis vezes mais rápido que podemos escrever.)

Eu viajo muito, portanto para mim é muito comum dar instruções verbais, por telefone, todos os dias. Muitas vezes me sentia frustrado porque chegava de viagem e percebia que minha equipe não havia realizado muitas das tarefas a tempo e os resultados nem sempre eram satisfatórios. Então passei a pedir que *anotassem* as instruções e a fornecer uma lista de minhas expectativas. Agora todos cumprem um número muito maior de tarefas. Por quê? Porque lhes dou uma descrição clara do que têm a fazer. Eles podem ler e analisar suas obrigações. Podem fazer perguntas e revisar e recuperar informações. Isso explica porque muitas famílias são desorganizadas e sobrecarregadas. É muito raro entrar no quarto de um adolescente e encontrar uma lista de instruções presa na parede. A mãe fica gritando a plenos pulmões de um dos cômodos da casa. O pai se assenta em sua poltrona, lendo o jornal, tentando isolar-se da confusão. Em muitos casos, tarefas claramente definidas evitam instantaneamente grande parte do estresse, da incerteza e a falta de compreensão que nos levam a interpretar e a julgar os outros erroneamente.

Anos atrás, visitei uma grande fábrica na Pensilvânia. O dono daquela empresa era um homem bastante rico, baixinho, ríspido e ativo. Quando lhe perguntei sobre o segredo de seu sucesso, seu filho tomou a palavra.

Meu pai sempre diz coisas tão simples que até a pessoa mais idiota do mundo pode entender.

Aquele jovem disse tudo. Em cada um dos quadros de aviso havia explicações simples, em letras grandes e destacadas, a respeito das regras da empresa e das expectativas daquele homem. Não havia letrinhas miúdas, difíceis de ler.

Ele facilitava para que todos percebessem o que esperava de cada um.

Devemos ter reuniões especiais com as pessoas próximas a nós. Faça perguntas e certifique-se de que elas têm total certeza do que devem realizar a *cada dia.* O que devem fazer durante a *semana.* Que relatórios *mensais* elas devem redigir? Apresente essas instruções claramente, por escrito, para que ninguém tenha dúvidas e não cometa erros novamente.

Descobri que os membros de minha equipe têm facilidade de interpretar erroneamente e de esquecer tudo que digo. Toda semana sou obrigado a repetir coisas que já venho falando há anos.

▶ As pessoas devem *ver* nossas expectativas por escrito.

▶ As pessoas devem *continuar vendo* nossas expectativas por escrito.

▶ Temos de *lembrar* às pessoas de sempre ler aquilo que escrevemos!

Nunca subestime a capacidade da mente humana de esquecer.

Por que as pessoas não registram, delegam e supervisionam as tarefas que transmitem aos outros? Porque isso exige tempo e esforço. Isso as atrasa e as afasta das coisas que mais as estimulam. Quando dedicamos tempo para ajudar nossos auxiliares a compreender plenamente sua participação e a recompensa que terão ao completarem suas tarefas, conseguimos estímulo e entusiasmo.

A que horas desejamos almoçar? Faremos isso todos os dias? Quais os dez pratos de que você mais gosta? Donald Trump tem um empregado cuja única função é manter sua vida *organizada*. Quem assume essa responsabilidade por você? Quem aprova as encomendas em seu escritório? Quais os critérios e as diretrizes para aprová-las? Quem é responsável pela manutenção dos veículos em sua casa? Qual é o cronograma para levar os automóveis ao mecânico?

Salomão não supunha nada.

Ele se comunicava *constantemente*.

Ele se comunicava *publicamente*.

Ele *registrava* tudo aquilo que desejava.

Salomão explicava claramente às pessoas as expectativas que tinha a respeito delas. Esse é um dos principais segredos que contribuíram para que ele se tornasse o homem mais rico que já existiu.

⤬ 10 ⤬

SALOMÃO REGISTROU E DESENVOLVEU UM PLANO PARA ALCANÇAR SEUS OBJETIVOS

Nosso Plano Demonstra Nossas Intenções.
Salomão deu detalhes específicos quando planejou a construção do templo, seu sonho de 500 bilhões de dólares. Podemos ler a respeito disso em 1 Reis. Nesse capítulo, vemos uma descrição detalhada do projeto de Salomão, que inclui a seguinte passagem: "O templo que o rei Salomão construiu para o Senhor media vinte e sete metros de comprimento, nove metros de largura e treze metros e meio de altura" (1 Reis 6:2). Aquele rei era bastante meticuloso.

Entretanto, esse livro da Bíblia não fala apenas de Salomão. Ele diz respeito a nós também e nos estimula a enfocar nosso sonho e a desenvolver um plano para realizá-lo.

6 Fatos Que Precisamos Saber A Respeito de Planejamento

1. **O Planejamento É Uma Representação Por Escrito Da Jornada Até Nosso Objetivo.** Isso leva tempo e exige alterações. Entretanto, esse é o

segredo dos vencedores.

2. O Planejamento Ajuda A Ater-Nos Às Pessoas Certas. Um dos advogados mais bem-sucedidos dos EUA dedica a primeira hora do dia a planejar cuidadosamente suas atividades. Ele acredita que a qualidade de seu tempo está diretamente ligada à capacidade de discernir que pessoas merecem encontrar-se com ele.

3. O Planejamento Nos Faz Enfocar Os Detalhes Necessários. Mary Kay Ash é uma das mulheres mais bem-sucedidas da América do Norte, com um patrimônio de mais de 300 milhões de dólares. Ela diz que todas as manhãs separa tempo para estabelecer um plano. Ela escolhe seis tarefas que deseja realizar no dia. Então se dedica à primeira delas o máximo possível, só então passa para a segunda. Mary Kay nunca inicia a sexta tarefa enquanto não tiver conseguido extrair o máximo possível das outras cinco de sua lista.

4. O Planejamento Exige Disciplina E Determinação, Independente de Gostarmos Disso Ou Não. Planejar geralmente é desgastante. Às vezes seremos tentados a pensar: "Seria muito mais rápido seguir em frente e dar início ao trabalho, em vez de tentar estabelecer um plano". Evite cair na armadilha de não planejar seu dia.

5. Oplanejamento Sempre Revela O Caminho Mais Curto Até Nosso Objetivo. Isso nos ajuda a discernir as *pessoas,* o *tempo* e os *recursos financeiros* necessários para cumprir nossas tarefas.

Tempo Dedicado Ao Planejamento Nunca É Des-Perdiçado!

O que tem levado você a evitar o planejamento? Algumas pessoas não gostam de fazer isso porque querem agir de maneira espontânea, e gostam da liberdade de portar-se como desejam no momento em que sentem vontade. Infelizmente esse tipo de comportamento nos faz ignorar obstáculos, problemas inesperados e instruções confusas. É um convite para que os problemas se instaurem. Você dirige durante uma hora até um restaurante sem antes ligar para ter certeza de que está aberto? É claro que não. Você faz as compras de Natal sem ter certeza de que levou o talão de cheques ou dinheiro? Com certeza não.

6. Planejar É Simplesmente Pensar Antecipadamente "Por Escrito". Faça uma lista de seus objetivos pessoais e escreva no topo: "Objetivos de minha vida". Agora, pelos próximos cinco minutos, sonhe com total liberdade e entusiasmo. Imagine que a caneta em suas mãos é uma varinha mágica. Imagine que ela lhe foi entregue pelo Criador e que este lhe disse: *"Tudo que você escrever nesta lista de sonhos irá acontecer em sua vida.* Independente do quanto seja maravilhoso ou milagroso, farei com que se torne realidade. Basta que escreva o que quer".

Pense a respeito.

Não seria uma experiência maravilhosa e extremamente estimulante? É claro que sim!

Então, faça isso. Escreva rapidamente e sem preocupações, e nunca corrija seus sonhos. Nunca pense: "Eu não poderia fazer isso", ou "não sei se meu cônjuge ou meus pais concordam que esse é um objetivo digno".

Nada disso importa agora.

Sua tarefa por agora é registrar seus sonhos. Escreva tudo que você deseja, o que espera alcançar ou o que deseja conseguir durante a vida.

Eis algumas idéias para ajudá-lo a começar.

▶ Gostaria de aprender outra língua?

▶ Gostaria de escrever um livro? Se sua

resposta for afirmativa, a respeito do que?
▶ Que país gostaria de visitar?
▶ Existe alguma pessoa em particular que gostaria de conhecer?
▶ Há alguma oportunidade de negócio que deseja realizar?
▶ Qual o carro mais bonito que gostaria de possuir? Se pudesse adquiri-lo no próximo ano, *descreva-o em detalhes em sua lista de sonhos.*
▶ Gostaria de ficar *livre das dívidas?* O que épreciso acontecer para que isso se dê nos próximos cinco anos?
▶ Detesta estar *acima do peso?* Qual é o peso ideal que gostaria de alcançar, se pudesse simplesmente mover a caneta e ver isso acontecer instantaneamente? Escreva.

Não corrija seus sonhos nem julgue antecipada-mente o valor deles. *Apenas tome nota deles.* Não rejeite nem desconsidere o que lhe vier à mente. Você tem toda uma vida para realizar as mudanças necessárias! Neste momento, seu objetivo é criar a mais maravilhosa lista de sonhos que pode imaginar pelos próximos cinco minutos. Faça isso antes de prosseguir a leitura.

7 Passos Para Organizar Seu Sonho

1. **Mencione O Principal Objetivo Que Deseja Realizar Em Sua Vida.**
2. **Relacione Cinco Motivos Por Que Deseja Alcançar Esse Objetivo.** Quem se beneficiará de seus planos e de seu sonho? Isso é muito importante. Em períodos de dificuldade, precisará lembrar-se do que o motivou desde o início!
3. **Pegue Uma Folha de Papel E Escreva**

Tudo Que Esteja Relacionado Com A Conclusão de Seu Sonho. Mencione cada passo e cada detalhe que conseguir lembrar. Talvez seja até mais fácil ditar. (Lembre-se: conseguimos falar quatro a seis vezes mais rápido que escrevemos!)

4. Liste Quaisquer Problemas Em Potencial E Tome Nota das Soluções Mais Óbvias Atualmente.

5. Faça Uma Lista de Todas As Pessoas Que Poderiam Participar de Seu Sonho.

6. Crie Seu "Círculo de Conselheiros". Esses indivíduos servirão de assistentes, apresentando idéias e compartilhando tudo que pensarem a respeito de seus objetivos e de seu sonho. Eles o ajudarão a definir e a refinar seu plano.

7. Determine As Recompensas Pessoais. Seja sincero e escreva todas as recompensas financeiras, emocionais e físicas resultantes de seu projeto.

Salomão se valia do planejamento. Esse foi um dos segredos que contribuíram para que ele se tornasse o homem mais rico que já existiu.

Porém, A Moeda
Corrente Nesta
Terra É O Tempo.

-MIKE MURDOCK

≫ 11 ≪

SALOMÃO ELABORAVA CRONOGRAMAS DETALHADOS

Pessoas Ricas Valorizam Muitíssimo O Tempo. A única dádiva que recebemos da vida é o tempo. Essa é a moeda corrente neste mundo. Se desejamos desenvolver uma amizade, dedicamos tempo para produzir esse relacionamento. Antes de conseguir um emprego você não tinha dinheiro. Entretanto ficou conhecendo um patrão que tinha dinheiro e precisava de seu tempo. Então trocou seu tempo pelo dinheiro dele. Isso se tornou sua profissão e sua fonte de renda.

Desejamos um corpo sadio. Conseqüentemente usamos o tempo como moeda e o investimos praticando exercícios e conseguindo um corpo mais saudável.

O Japão tem o yene. A Inglaterra possuía a libra. A França usava o franco. A Alemanha tinha o marco. Na Itália era lira. O México usa o peso. Nos Estados Unidos temos o dólar.

Porém, A Moeda Corrente Nesta Terra É O Tempo. Já analisei a vida de muitos homens e mulheres de sucesso. A principal diferença que vejo entre os pobres e os poderosos, os empregados e os desempregados, os bem-sucedidos e os fracassados, os empobrecidos e os ricos é *seu conceito a respeito do tempo.*

Nunca encontrei um pobre que realmente tivesse consciência do tempo de que dispõe. E ainda estou para ver uma pessoa rica que *não* esteja ciente do tempo ao seu dispor.

Salomão compreendia o princípio de usar o tempo como "*moeda*". Vejamos o registro detalhado em 1 Reis 6:1: "Quatrocentos e oitenta anos depois que os israelitas saíram do Egito, no quarto ano do reinado de Salomão em Israel, no mês de zive, o segundo mês, ele começou a construir o templo do Senhor".

▶ Salomão sabia *o que* desejava realizar.
▶ Salomão sabia *quando* desejava concluir seu projeto.

O tempo é algo misterioso. No entanto é o dom mais sagrado que recebemos de nosso Criador.

▶ Tudo aquilo que possuímos hoje, trocamos por nosso *tempo*.
▶ Se não possuímos algo, significa que *não estivemos dispostos* a trocar nosso tempo por esse item.

Tudo na vida se dá à base de troca. *Tudo*.

"Eu poderia dobrar minha renda", um amigo me disse. "Porém, teria de afastar-me de minha família duas semanas por mês. Decidi manter meu cargo atual e o salário para que possa estar em casa todas as noites com meus filhos depois que eles chegam da aula". Meu amigo tomou uma decisão consciente e trocou um aumento de salário por algo que desejava mais do que o dinheiro: tempo com sua família.

Devemos decidir quão importante o tempo é para nós.

Certa vez alguém me disse: Gostaria de ir à sua casa e passar alguns dias à toa, conversando. Quando estará disponível?

Eu dei risada. Que piada! Não fico à-toa —

respondi. Sempre determino algo importante para fazer, todos os dias. Mantenho meu cronograma e sempre *sigo* para o futuro.

Gostaria de encontrar-me com o senhor para tomar uma xícara de café — um jovem petulante me pediu. Pensei a respeito por alguns instantes. Mas não demorei muito para tomar uma decisão. Minha equipe, meus programas de televisão e várias outras responsabilidades me custam mais de US$1.000 dólares por hora, oito horas por dia a cada semana. Aquela xícara de café e uma conversa de uma hora na verdade custariam US$1.000 dólares *do meu tempo*. Será que valia a pena? Analisei os resultados daquela conversa. Determinei que ela não valia tudo aquilo. Não quis dar a impressão de que não me importava, mas não consegui pensar em nada que valesse a pena conversar com aquele homem. Aquele indivíduo não estava em busca de minha Sabedoria, nem interessado em transmitir conhecimento a mim! Embora haja pessoas com as quais possamos ter um tempo de lazer, é importante discernir a diferença.

4 Segredos Que Nos Ajudam A Estabelecer Um Cronograma Eficiente

1. **Determinar Claramente O Que Desejamos Realizar.** Pense a respeito do que quer fazer em determinado dia. Divida esse objetivo em tarefas pequenas. Encare cada hora como se esta fosse seu empregado ou seu sócio. Delegue uma tarefa para cada hora. Descreva-as claramente.

2. **Priorize E Liste Tudo Que Precisa Fazer Em Ordem de Importância.** Como já mencionei anteriormente, Mary Kay Ash declarou que esse é um dos principais segredos de seu sucesso. Todas as manhãs,

ela estabelece seis objetivos que deseja alcançar naquele dia. E não chega ao item seis enquanto não tiver completado ou realizado o máximo possível dos demais. Esse é um dos principais segredos de sua vida. Poucas pessoas estipulam bem suas tarefas para cada dia. No entanto estamos vivendo o dia de hoje. O ontem já está no túmulo; e o amanhã, no ventre. O ontem está morto, e o amanhã ainda não nasceu.

De certa maneira, *o único lugar em que iremos estar é o hoje.* Na verdade o futuro não existe. Quando chegarmos lá, ele já será hoje!

3. Limite O Número de Suas Reuniões E Mantenha-se Focado. Se alguém pedir para encontrar-se com você às nove, diga que irá fazê-lo "das 9 às 9:20 da manhã". *Sempre* estabeleça um horário para encerrar a reunião. Assim, se a pessoa chegar dez minutos atrasada, você pode dizer: "Sinto muito, tenho apenas dez minutos para conversar com você hoje". Isso faz com que ela perceba claramente de quanto tempo dispõe.

4. Sempre Siga Em Frente Ainda Que Tudo Ao Seu Redor Esteja Estagnado. Dê aquele telefonema importante para o qual ainda não teve tempo. Pegue suas anotações e desenvolva-as em mais detalhes. Mantenha-se em atividade.

Elaborar um cronograma detalhado é um dos principais segredos que contribuíram para que Salomão se tornasse o homem mais rico que já existiu.

☞ 12 ☜

SALOMÃO FAZIA TODO TIPO DE NEGOCIAÇÃO

━━━━━❯❯●❮❮━━━━━

Negociações Incomuns Proporcionam Recompensas Igualmente Incomuns. Negociar significa conseguir algo que *desejamos* ajudando outras pessoas a alcançarem aquilo que *querem* ou de que *necessitam.* Alguém já disse: "Na vida, não conseguimos aquilo que merecemos, mas aquilo pelo qual negociamos".

Salomão era perito em negociar. Ele dialogava e procurava comunicar-se bem. Era um gênio em termos de criar uma rede de contatos. Negociava rotas de comércio para o reino. Negociava com seus construtores. Ele negociou muitas vezes com Hirão, rei de Tiro.

Por causa desse talento, o império de Salomão se transformou numa rota obrigatória entre nações. Em 1 Reis 10:28-29, vemos que o Egito necessitava de cavalos e que a Cilícia tinha esses animais em abundância. Porém, as duas nações eram inimigas. Pelo fato de Salomão estar ciente da tremenda influência da negociação, ele se tornou uma "ponte" entre aqueles dois reinos.

Devemos estudar a vida de pessoas que realizam feitos incomuns. Elas não aceitam nada com base em seu valor imediato. No entanto, analisam riscos e analisam cada detalhe. Avaliam todas as situações e então fazem uma oferta praticamente ridícula na tentativa de reduzir o preço.

Homens incomuns são *negociadores* incomuns.

Na página 51 de seu livro intitulado *The Art of the Deal* [A arte da negociação], Donald Trump diz o seguinte a respeito de seu pai: "Ele negociava com o mesmo afinco tanto com o fornecedor de esfregões e de cera como com o principal empreiteiro sobre os itens mais importantes de um projeto".

9 Segredos Que O Ajudarão A Conseguir O Que Deseja Lidando Com Pessoas, Empresas E/Ou Fornecedores

1. Descubra Todas As Informações Que Puder A Respeito Da Companhia, Da Pessoa Ou do Produto. Informação é poder. Não podemos tomar decisões corretas sem ter dados precisos e atualizados. Temos de conhecer todas as informações essenciais para combater crises.

2. Não Tenha Pressa. Negociadores incomuns agem com cautela. Uma vez que decidem no que desejam investir, certificam-se de tomar uma decisão que gerará resultados duradouros. Existe um ditado que diz: "Aquele que se apressa perde". Em Lamentações 3:25, há um princípio de Sabedoria muito importante: "O Senhor é bom para com aqueles cuja esperança está nele".

3. Descubra O Que A Outra Pessoa Mais Precisa. Quando negociamos com alguém, a primeira impressão é sempre enganosa. Aparentemente alguém pode precisar de dinheiro quando na verdade necessita de mais tempo. Em geral o verdadeiro motivo da insatisfação dos outros e de sua ansiedade para nos vender não é o que alegam. Dedique tempo para dialogar e ouvir.

4. A Maior Arma Na Mesa de Negociação É A Habilidade de Ouvir. Aquele que presta mais atenção, com sinceridade e pureza de coração, sempre colhe os dados necessários para tomar uma decisão correta. *Quem fala menos lucra mais.* Por quê? Nunca temos de dar explicações daquilo que não dizemos. Não temos de retratar-nos, corrigir ou alterar uma declaração ou observação que não fizemos. Deixe que as outras pessoas expressem o que estão pensando.

5. Aquele Que Faz O Maior Número de Perguntas Controla A Conversa. As perguntas determinam o fluxo de respostas. Portanto, nunca receberemos respostas corretas se não fizermos as perguntas apropriadas. Tome nota delas. Pense a respeito e as analise. À medida que forem sendo respondidas, anote as respostas também.

6. Quando Estiver Em Dúvida, Grave A Conversa. Isso ajuda a lembrar de fatos que de outra maneira podemos esquecer facilmente. Geralmente é possível ouvir a conversa gravada e perceber algo que não nos demos conta da primeira vez, por causa da pressão da ocasião.

7. Nunca Tome Uma Decisão Importante Quando Estiver Cansado. Um dos maiores presidentes dos Estados Unidos se recusava a tomar decisões depois das três da tarde. Olhos cansados raramente vêem um bom futuro. Separe tempo para descansar, relaxar e recuperar as energias.

8. Negocie Em Busca de Resultados de Longo Prazo Em Vez de Retorno Imediato. Salomão tomou decisões que duraram por muitos anos. Ele era conhecido por sua regra de paz. Em quarenta anos, criou uma rede de comércio jamais vista em seus dias. Um dos maiores segredos de sua riqueza era que ele se recusava a tomar decisões apenas buscando lucro imediato. Salomão pensava sempre a longo prazo. Geralmente penso a respeito de Sam Walton. Ele se recusava a investir em qualquer companhia para buscar lucros rápidos. Queria saber o que a empresa estaria fazendo dali a dez anos. Algumas companhias japonesas têm planos para cem anos. Eles pensam a *longo prazo.* Pare por alguns instantes. Onde você deseja que sua companhia chegue daqui a vinte anos? Formule um plano para alcançar esse objetivo. Isso o ajudará a desfrutar a jornada mais do que você pode imaginar. O planejamento retira o estresse do presente. Ele gera frutos de paciência e esperança e atrai investidores.

9. Nunca Se Mostre Desesperado Para Fechar Um Negócio. Quando os abutres percebem sinal de fraqueza, aproximam-se para matar a vítima. Na página 37 de seu livro *The Art of the Deal,* Donald Trump, um dos mais eficientes negociadores nos EUA hoje em dia, afirma: "A pior coisa que podemos fazer numa negociação é parecer desesperados para fechar o negócio. Isso faz com que a outra pessoa perceba nossa fraqueza e esse é nosso fim. A melhor coisa que podemos fazer é negociar a partir de nossos pontos fortes e a nossa serenidade de negociação é o maior deles".

Salomão era um negociador incomum. Esse foi um dos segredos que contribuíram para que ele se tornasse o homem mais rico que já existiu.

∞ 13 ∞

SALOMÃO SEMPRE OUVIA AS PARTES ENVOLVIDAS ANTES DE TOMAR UMA DECISÃO

Ninguém Pode Contar-nos Tudo. Sempre haverá algo de que não sabemos. Precisamos prestar atenção para conseguir *ouvir*. Precisamos prestar atenção para *adquirir informações.* Precisamos prestar atenção para tomar decisões *corretas.* Salomão não tinha pressa em decidir. Ele não tirava conclusões apressadas. Sabia que todos tinham algo a dizer e que a sua responsabilidade era ouvir *todas as partes envolvidas na questão.* Certa vez, duas prostitutas foram até ele. Salomão não mandou matá-las nem as baniu do país. Em vez disso, procurou ouvir o motivo de seus queixumes. Sua conduta diante de pessoas impuras e tolas serviu para aumentar sua fama e lhe trouxe grande honra.

Ouvir É Uma Dádiva Que Oferecemos Aos Outros. Geralmente é o melhor presente que podemos oferecer. Quando alguém está sofrendo, nossa maior contribuição para com essa pessoa é ouvir o que ela tem a dizer. Em Provérbios 18:13, está escrito: "Quem responde antes de ouvir comete insensatez e passa vergonha".

Em Provérbios 1:5, lemos: "O sábio ouvirá" (arc).

5 Segredos de Salomão Para Ouvir Atentamente Outras Pessoas

1. Ele Procurava Conhecer Detalhes. Alguns Ele Desconsiderava. A Outros Dava Grande Destaque.
2. Ele Procurava Discernir O Sofrimento das Pessoas.
3. Ele Procurava Identificar Inveja E Ciúmes.
4. Ele Procurava Identificar Discrepâncias E Falsidade.
5. Ele Procurava Identificar Pessoas Incapazes de Explicar Os Fatos de Maneira Correta E Precisa.

Salomão Sabia Que, Por Ouvir As Pessoas, Conseguiria Identificar A Causa E A Solução de Qualquer Crise. Ele afirmou em Provérbios 22:10: "Quando se manda embora o zombador, a briga acaba; cessam as contendas e os insultos".

7 Fatos Que Devemos Saber A Respeito de Conflitos

1. Conflitos Acontecem.
2. Nossa Reação Diante de Um Conflito Determina Se Este Se Tornará Um Obstáculo Ou Uma Ponte Para O Futuro. Devemos enfrentá-lo.
3. Não Podemos Corrigir Aquilo Que Não Desejamos Confrontar.
4. A Causa de Um Conflito Sempre São

Palavras Impensadas.
5. Nunca Tente Mudar Alguém Que Não Esteja Disposto A Ser Transformado.
6. Pessoas Erradas Criam Uma Atmosfera Ruim Ao Seu Redor.
7. Todo Conflito Tem Solução. E esta consiste em remover a pessoa que insiste em fazer ou falar coisas erradas. Em Provérbios 26:20-22, está escrito: "Sem lenha a fogueira se apaga; sem o caluniador morre a contenda. O que o carvão é para as brasas e a lenha para a fogueira, o amigo de brigas é para atiçar discórdias. As palavras do caluniador são como petiscos deliciosos; descem saborosos até o íntimo".

Salomão era perito em ouvir as pessoas. Ele sempre procurava conhecer todas as versões do caso antes de tomar uma decisão. E esse é um dos segredos que contribuíram para que ele se tornasse o homem mais rico que já existiu.

Negócios São Simples
Resoluções de
Problemas Para
Uma Recompensa
Estipulada.

-*MIKE MURDOCK*

❧ 14 ❧

SALOMÃO INSISTIA EM FAZER CONTRATOS DETALHADOS

Devemos Sempre Ler As Letras Miúdas.
Numa ocasião, vi uma campanha publicitária a respeito de equipamentos de ginástica na televisão. Enquanto assistia ao comercial, sentia-me cada vez mais estimulado. Estavam oferecendo aquela mercadoria por um preço muito razoável. Então procurei observar melhor.

O preço que aparecia na tela não era o custo total do equipamento. Era o valor das parcelas mensais. De imediato, fiquei desapontado. Então me dei conta de que praticamente todas as transações comerciais acontecem assim. É importante ler todos os detalhes de um contrato e certificar-nos de que o entendemos perfeitamente.

Salomão, o homem mais rico que já existiu, compreendia a importância de realizar uma aliança e de estabelecer acordos precisos e claros. Lemos em 1 Reis 5:12 que ele e Hirão, rei de Tiro, "fizeram um tratado".

5 Fatos E Segredos Para O Sucesso de Salomão Em Seus Contratos

1. **Ele Apresentava Suas Expectativas de**

Maneira Bem Detalhada. Em 1 Reis 5:6, lemos o seguinte: "Agora te peço que ordenes que cortem para mim cedros do Líbano".

2. Ele Era Bastante Cauteloso Com Os Contratos Que Fazia. Em 1 Reis 5:6, lemos: "Os meus servos trabalharão com os teus, e eu pagarei a teus servos o salário que determinares".

3. Salomão Estabelecia Em Detalhes A Recompensa Que As Pessoas Deveriam Esperar. Em 1 Reis 5:11, está escrito: "E Salomão deu a Hirão vinte mil tonéis de trigo para suprir de mantimento a sua corte, além de vinte mil tonéis de azeite de oliva puro".

4. Salomão Elaborava Um Cronograma de Pagamentos Detalhado. Em 1 Reis 5:11, lemos que "E o que Salomão dava anualmente a Hirão".

5. Os Contratos Que Salomão Elaborou Sempre Garantiram O Retorno Desejado Por Ele E Para As Outras Partes Envolvidas. Hirão também estava satisfeito com a negociação. Em 1 Reis 5:9, vemos que ele disse: "Tu também farás a minha vontade, dando provisões à minha casa" (ara).

Ronald Reagan, ex-presidente dos eua, conhecido como grande comunicador, irritava líderes de outras nações por que dizia: "Confie, mas verifique". Entretanto, essa política protegeu os eua em muitas ocasiões.

Os jovens *confiam cegamente*.

Os sábios *tiram a prova*.

"Pode confiar em mim" é uma declaração muito comum nos círculos de negociação. Salomão e indivíduos experientes como ele sabiam e sabem que isso não é necessariamente verdade. As pessoas podem interpretar mal, esquecer e simplesmente ignorar o que dizemos.

Os Contratos Têm Grande Influência No Mundo de Hoje.

4 Advertências Para Lembrar Antes de Assinar Um Contrato

1. Sempre Contrate Um Advogado Independente E Competente Para Analisar Os Detalhes do Contrato. É fundamental ter um profissional assim do nosso lado. Ele será capaz de prever problemas que nós muitas vezes nem imaginamos.

Dennis Brewer, um dos melhores advogados que conheço, certa vez estava analisando um contrato comigo. Embora eu já houvesse examinado as cláusulas de todas as maneiras possíveis, ele identificou um problema em potencial que eu sequer pensara a respeito. Seus muitos anos de experiência me lembraram de uma situação que vivenciei. Ele me ajudou a evitar uma armadilha que poderia ter-me causado grande sofrimento.

Robert S. McNamara é considerado por muitos um dos homens de negócio mais brilhantes do mundo. Ele foi vice-presidente da Ford e mais tarde se tornou Secretário de Defesa na administração Kennedy.

Na página 42 de seu livro intitulado *Straight Talk* [Conversa Direta], Lee Iacocca escreveu: "McNamara foi um dos homens mais inteligentes que já conheci. Tinha um QI fenomenal e uma mente sagaz. Ele era um gigante intelectual. Com sua grande capacidade de lembrar fatos, assimilava tudo que aprendia. Entretanto McNamara não apenas desejava conhecer fatos, ele também avaliava detalhes hipotéticos. Quando conversávamos com ele, dávamos conta de que ele já havia analisado os pontos relevantes de todas as opções e situações concebíveis. Ele me ensinou a nunca tomar uma decisão importante sem pelo menos poder escolher entre "baunilha e chocolate". E se houver mais de 100 milhões de dólares em jogo, é bom ter "morango" como opção também".

2. Analise Todas As Conseqüências Possíveis de Um Contrato. Dois anos atrás eu estava em um estúdio de televisão cristão para apresentar algumas canções e participar de uma campanha de arrecadação de fundos. Trouxeram-me um contrato para que eu assinasse, mas o documento me pareceu um pouco estranho. Estava escrito que eles teriam direito de reprisar tudo que eu dissesse ou fizesse durante aquela noite, em qualquer período, em qualquer lugar e sob qualquer circunstância. Recusei-me a assinar. Nunca concordo com um contrato que conceda direitos ilimitados a alguém para usar minhas declarações a favor de pessoas que não conheço. Detalhes são muito importantes.

3. Nunca Concorde Com Algo Que A Pessoa Não Esteja Disposta A Acrescentar Ao Contrato. A capacidade de persuasão de um indivíduo ou a atmosfera criada para nos "seduzir" pode enganar-nos levando-nos a ignorar os fatos. Já me convenceram a fazer coisas das quais me arrependi. Então percebi que estava sendo pressionado pela personalidade agressiva da pessoa e influenciado pela "arma da hospitalidade".

4. Tenha Cuidado Com A "Arma Da Hospitalidade". Recentemente, li um caso fascinante a respeito de um homem de negócios muito bem-sucedido nos eua. Ele viajou para outro continente a fim de realizar uma transação, e deveria permanecer naquele país por cinco dias. Quando chegou, seus anfitriões o levaram para um *tour* pelo país. A experiência foi muito desgastante. Ele mal teve tempo para dormir. Ficou pedindo para ver o contrato, que era o motivo de ele ter feito aquela viagem. Disseram-lhe que primeiramente queriam ser hospitaleiros. Dias depois, poucos instantes antes de ele sair para o aeroporto, as pessoas lhe trouxeram o contrato. Ele sentia-se tão distraído e cansado, com o corpo tão desgastado, que mal sabia o que estava fazendo. Foi aí que se deu conta de que aquele esquema havia sido montado para tirar sua atenção, cansá-lo e forçá-lo a tomar uma decisão apressada. Quando se recusou, seus anfitriões ficaram irritados. Ele propôs levar o contrato de volta para os Estados Unidos, onde poderia revisá-lo cuidadosamente.

Robert McNamara, o lendário vice-presidente da Ford ensinou Lee Iacocca a *escrever* tudo *em detalhes,* longe da torrente de palavras e da influência de personalidades persuasivas. "Vá para casa hoje à noite e tome nota de suas idéias. Se não conseguir fazer isso, então significa que não pensou bem a respeito da questão".

Lee Iacocca comentou: "Foi uma lição muito valiosa. Tenho seguido seu conselho desde então. Sempre que alguém de minha equipe me apresenta uma idéia, peço que o faça por escrito. Não quero que ninguém tente convencer-me apenas pela doçura de sua voz ou pela força de sua personalidade. Não posso permitir isso".

Em seu livro *Straight Talk [Conversa Direta]* ele acrescentou: "Como aprendi com McNamara, *a disciplina de escrever tudo é o primeiro passo para fazer com que um projeto aconteça.* Em uma conversa qualquer, podemos ganhar tempo com idéias vagas e absurdas, geralmente sem nos dar conta disso. Entretanto há um aspecto a respeito de registrar tudo por escrito que nos força a analisar os detalhes. É mais

difícil nos deixar enganar ou enganar alguém assim".
Sempre insista em ter os detalhes de contratos e as questões de grande importância apresentadas por escrito. Esse é um dos segredos que contribuíram para que Salomão se tornasse o homem mais rico que já existiu.

～ 15 ～

SALOMÃO CONTRATOU AS PESSOAS MAIS TALENTOSAS DE SUA ÉPOCA

Para Alcançarmos A Excelência Nossa Busca Deve Ser Constante. Qualidade não é algo comum. Nem sempre ela está disponível. Nem sempre é conveniente. Raramente nos custa pouco. A excelência tem um alto preço. Entretanto, as recompensas são duradouras.

Salomão desejava encontrar os artesãos de bronze mais qualificados. Ele mandou procurar Hurão (ou Hirão). Em 1 Reis 7:14, este indivíduo é descrito como sendo "extremamente hábil e experiente, e sabia fazer todo tipo de trabalho em bronze".

Salomão queria os marinheiros mais habilidosos para sua esquadra. Quando adquiriu navios, lemos em 1 Reis 9:27 que aquele rei escolheu "homens experimentados que conheciam o mar".

Salomão apreciava belos trabalhos em madeira e insistiu em contratar apenas os melhores artesãos. Em 1 Reis 5:6, lemos: "Sabes que não há entre nós ninguém tão hábil em cortar árvores quanto os sidônios".

Em seu excelente livro *Salesman of the Century* [O vendedor do século], Ron Popeil, um dos multimilionários da televisão, escreveu: "Há muito tempo me dei conta de que não sou perito em todas as áreas. É por isso que trabalho com profissionais que me auxiliam a criar e a comercializar meus produtos. Sei o que os consumidores desejam e sei como fazer propaganda, mas conheço muito pouco a respeito da engenharia, de motores e de como funcionam internamente. *Portanto, procuro contratar os melhores profissionais* e tenho tido a felicidade de cercar-me de pessoas mais inteligentes do que eu".

7 Fatos A Respeito Da Excelência

1. Podemos Reconhecer A Excelência Instantaneamente. Homens que realizam feitos incomuns valorizam essa característica tanto nos amigos como em seus concorrentes. Como escreveu Porter Bibb, biógrafo do famoso multimilionário Ted Turner, na página 65 de seu livro *It Ain't As Easy As It Looks* [Não é tão fácil como parece]: "Ted sempre elogia oponentes dignos".

2. A Excelência Nunca Gera Arrependimento E Remorso. Alguém já disse: "As pessoas lembrarão da qualidade de seu produto muito depois de terem esquecido quanto ele custou". Seja contratando um empregado ou comprando algo numa loja, procuramos investir no melhor, e isso nos dá uma paz de espírito inexplicável. Se o leitor melhorou sua qualidade de vida, a paz que sente é prova disso.

3. A Excelência Nunca Requer Substituições. O leitor já comprou algum produto de qualidade inferior para poupar dinheiro? É claro que sim. E meses depois, foi obrigado a substituí-lo.

4. A Excelência Nos Capacita A Manter O Foco. Salomão conhecia a importância disso. Tudo que é inferior ao melhor que podemos conseguir nos distrai. Há algo *dentro de nós* que sempre nos leva a procurar o melhor. O desejo pela excelência flui naturalmente do coração humano. É algo inexplicável, inquestionável e que sempre brota de nosso íntimo.

5. **A Recusa Em Investir Na Excelência É Garantia de Perdas No Futuro.** Alguns anos atrás, tive uma experiência desanimadora. Apresentaram-me um contrato. Decidi poupar $200 dólares, e não o levei para meu advogado analisar. Um ano depois, uma simples palavra naquele documento me custou $10.000 dólares. Imagine só! Que troca terrível! Por querer economizar $200 dólares, perdi dez mil simplesmente porque me recusei a contratar o melhor, a pessoa mais qualificada, um especialista naquela área.

Por que você mesmo faz sua declaração do imposto de renda? — perguntei a um amigo chegado.

Estou poupando US$120 dólares — ele respondeu.

Que tolice! Diante de mim estava um jovem que não sabia nada a respeito de impostos, de leis ou dos perigos de cometer um erro. Pessoas dispendem milhares de horas revisando, analisando e procurando conhecer as leis mais recentes e as maneiras de conseguir descontos, para nos ajudarem a evitar armadilhas que nos custarão milhares de dólares. É tolice desprezar a experiência, os talentos e as habilidades das pessoas.

Um dos homens mais bem-sucedidos na televisão, hoje em dia, é Ron Popeil. Quando aconselha pessoas sobre como criar uma empresa de vendas por telefone, sabe bem do que está falando. Na página 243 de seu livro *Salesman of the Century* [O Vendedor do Século], ele disse: "Se deseja criar uma empresa de *telemarketing,* provavelmente você está pensando que poderá ficar sentado em casa, falando ao telefone, despachando encomendas sozinho e ficar milionário em pouco tempo. Engano seu. *Deixe que os profissionais*

façam o que sabem".
6. A Excelência Abre Espaço Para Que Pessoas Qualificadas Atuem. Os arrogantes não buscam auxílio, mas os humildes reconhecem que outros indivíduos possuem algo que eles não têm. Salomão demonstrava humildade honrando as habilidades de outras pessoas. Ele pensava sempre a longo prazo. Recusava-se a assumir responsabilidades quando havia pessoas mais qualificadas para assumi-las.

7. Selecionar Indivíduos Excelentes É A Habilidade Mais Importante de Um Líder. Contratar as pessoas certas para nos ajudarem a alcançar nosso sonho é a atitude mais importante que podemos demonstrar. "Essa é uma habilidade importante, porque a principal tarefa de um empreendedor é contratar as pessoas certas", disse Lee Iacocca, o lendário magnata do ramo de automóveis, na página 23 de seu livro *Straight Talk.*

Donald Trump, o famoso homem de negócios do setor imobiliário, escreveu: "Minha filosofia de vida sempre foi contratar os melhores". Ele considera esse um dos principais segredos do sucesso. Trump consulta as melhores companhias em busca dos melhores empregados e tenta encontrar maneiras de trazê-los para sua equipe.

Alguns contratam os que estão *disponíveis.*
Alguns contratam os *mais baratos.*
Alguns contratam gente *mais fácil de lidar.*
Alguns contratam os *menos exigentes.*
Alguns contratam *pessoas agradáveis.*
E alguns contratam seus *parentes!*
Por que tantas pessoas ignoram as habilidades dos especialistas e dos peritos? Por que continuam tentando fazer tudo sozinhas?

3 Motivos Básicos Porque As Pessoas Não Buscam O Melhor

1. Os Peritos Geralmente São Mais *Caros.*
2. Os Peritos Geralmente Nem Sempre Estão *Disponíveis* Quando Necessitamos.
3. Os Peritos Exigem Esforço, *Paciência* E Persistência de Nossa Parte.

O homem mais rico que já existiu sabia o que estava fazendo. Por contratar os melhores, podia enfocar sua própria habilidade. Isso o liberava e garantia a longevidade de seu sonho, a admiração de outras pessoas talentosas e sua paz de espírito.

Salomão sempre contratava os melhores de cada ramo. Esse foi um dos segredos que contribuíram para que ele se tornasse o homem mais rico que já existiu.

Beba Profundamente
do Momento
Presente; Levou
Muito Tempo Para
Você Chegar Ali.

-MIKE MURDOCK

～ 16 ～

SALOMÃO NUNCA SE APRESSAVA

Grandes Sonhos Exigem Tempo.
O feito incrível de Salomão, construir o templo santo de Deus, não se deu em doze semanas, seis meses ou mesmo em um ano. Salomão investiu sete longos e frutuosos anos para executar a obra. Lemos o seguinte em 1 Reis 6:38: "No mês de bul, o oitavo mês, do décimo primeiro ano, o templo foi terminado em todos os seus detalhes, de acordo com as suas especificações. Salomão levou sete anos para construí-lo".
Ele não estava com pressa.
Salomão despendeu o tempo necessário para desenvolver relacionamentos importantes com reis, artesãos habilidosos e milhares de trabalhadores.
Dexter Yager ajudou milhares de pessoas a escaparem das garras da pobreza. Ele compreende o poder do tempo e a importância de usar a "arma da espera". Ele fala sobre isto no seu livro inesquecível intitulado: *A Millionaire's Common Sense Approach to Wealth* [O bom senso de um milionário para lidar com riquezas].
Nas páginas 95 e 96, ele escreveu: "Às vezes comprava terrenos que mantinha comigo por dez, quinze ou vinte anos. Em certos casos os preservava por um tempo ainda maior para que se tornassem [um

investimento] o mais rentável possível. Geralmente vou até uma região, vejo algumas terras, procuro algo que seja potencialmente valioso e compro por um preço baixo. A área ainda não está desenvolvida, então preservo a posse da propriedade por tempo suficiente até que seja mais valorizada. Por pensar a longo prazo, geralmente lucro muito mais do que gastei inicialmente".

Dexter também comentou que Donald Trump se recusa a ter pressa para fazer investimentos importantes: "Ele disse recentemente que o motivo de ser capaz de lucrar bastante com algumas de suas propriedades é porque tem *perseverança*. Donald tem dinheiro suficiente para continuar um projeto quando outras pessoas são forçadas a desistir".

Tudo Aquilo Que Tem Significado Em Nossa Vida Exige Que Dediquemos Bastante Tempo. Se nos apressamos, destruímos exatamente aquilo que desejamos criar.

9 Dicas Úteis Para Aqueles Que Têm Tendência A Se Apressar

1. Quando Nos Apressamos, Cometemos Mais Erros. Às vezes esses erros podem ser fatais. Na melhor das hipóteses, tudo que conseguimos é atrasar nosso projeto.

2. Quando Nos Apressamos, Geralmente Temos de Refazer Tudo. Mecânicos apressados obrigam o cliente a levar o veículo uma segunda vez porque deixaram algo por fazer. Recebem telefonemas à meia-noite, pois o automóvel [do cliente] quebrou na estrada, porque foram apressados. Isso aumenta o custo do conserto.

3. Quando Não Nos Apressamos, Seguimos

O Exemplo de Pessoas Que Realizam Feitos Incomuns. O multimilionário Ron Popeil, na página 195 de seu excelente livro *"Salesman of the Century"* [Vendedor do Século], escreveu: "O segredo de todo um projeto às vezes é dar um passo de cada vez, ser metódico e não ser apressado".

4. Quando Não Nos Apressamos, Conseguimos Tempo Para Buscar Bons Conselhos. Na página 467 de seu extraordinário livro *An American Journey* [Uma viagem americana], Colin Powell escreveu o seguinte a respeito do presidente George Bush: "Ele ouviu atentamente seus conselheiros. Consultou grandes líderes por telefone. Então, após tirar suas conclusões, apresentou essa incrível decisão e a revelou na primeira oportunidade".

5. Um Instante de Pressa Pode Gerar Um Mês de Caos. Isso aconteceu comigo algum tempo atrás. Saí de uma reunião com muita pressa e esqueci meu telefone celular bastante caro conectado à rede elétrica. Felizmente me devolveram o aparelho dez dias depois. Enquanto isto, tive de trabalhar sem meu telefone. Não tenha pressa, principalmente quando estiver viajando.

6. Se Deixamos Que Outras Pessoas Nos Apressem Em Um Projeto Importante, Sofremos A Pena. Aprendi essa lição durante a produção de um dos meus livros favoritos. Reli o manuscrito, mas não quis perder uma semana contratando um revisor. O que deveria ter sido uma satisfação tornou-se uma fonte de irritação. Leitores de todo o país me mandavam cartas todos os dias mencionando os erros de grafia.

Outro livro que escrevi foi revisado por um editor profissional. Ele acrescentou frases totalmente incorretas abaixo de uma ilustração. Quando me enviaram o manuscrito para que eu aprovasse, estava saindo para resolver outros assuntos. Passei os olhos rapidamente pelo livro e disse: "Parece estar bom". Mais tarde, enquanto lia o livro já impresso com atenção, fiquei chocado ao perceber as declarações errôneas que foram publicadas.

7. Se Nos Recusamos A Apressar-nos, Evitamos Sentir Remorso Por Alguma Compra Malfeita. Evite cair na tentação de apressar-se quando fizer uma compra significativa. Anos atrás, agi mal ao comprar um carro para minha mãe. Eu estava bastante contente. Todavia quando fui examinar o carro, algo dentro de mim falou: "Espere. Não compre esse automóvel agora. Não se apresse". Ignorei aquela voz em meu íntimo e comprei o carro. Aquela se tornou uma das piores aquisições que já fiz na vida. Minha mãe não gostou da cor do automóvel, e ele passou a dar problemas constantemente. Esses são os resultados "infalíveis" sempre que nos *apressamos*.

Avalie os maiores erros que já cometeu. Com certeza você estava com pressa, não é mesmo?

8. Ter Pressa Para Nos Casar Pode Gerar Toda Uma Vida de Infelicidade. Um amigo chegado estava se sentindo muito solitário e ansioso para conseguir uma esposa e estabelecer família. Ele ignorou meu conselho e não dedicou tempo para desenvolver um relacionamento maduro com a namorada. (Levamos tempo para demonstrar nossas qualidades e assim também é com nossas fraquezas e nossos erros.) Ele se apressou para se casar e o relacionamento se tornou uma fonte de sofrimento.

9. Investir Tempo Para Buscar Restauração Pessoal É Uma das Decisões Mais Sábias Que Podemos Tomar. O próprio Jesus se afastava das multidões para se recuperar e restaurar o espírito. Ele instruiu os discípulos, dizendo: "Venham comigo para

um lugar deserto e descansem um pouco" (Marcos 6:31).
Essa observação constante nos escritos antigos é uma
das mais importantes leis da vida.

▶ O leitor está envolvido num relacionamento?
Dedique *tempo* a ele.

▶ Está construindo uma grande empresa?
Dedique tempo para realizar um
planejamento cuidadoso.

▶ Deseja adquirir a casa dos seus sonhos? Não
irá arrepender-se por separar tempo para
procurar informações com vários corretores e
também várias estimativas de custo.

▶ *Não se apresse.* Devemos desfrutar a vida, em
vez de "engoli-la".

Salomão sabia disso e reuniu a maior riqueza de
que se tem notícia.

O lendário bilionário Sam Walton disse: "Nunca
invisto em uma empresa pensando no que conseguirei
em um ano e meio. Sempre penso no que lucrarei dali a
dez anos". Ele nunca se apressava; pensava a longo
prazo.

Os motivos por que as pessoas se apressam são
vários. Algumas desejam lançar um produto no
mercado antes dos competidores. Às vezes recebemos
ofertas de determinados produtos por um preço bem
baixo, ou pelo menos é o que pensaremos se estivermos
apressados. Às vezes é interessante lançar um produto
durante uma época específica tal como a do Natal.
Todos esses motivos para agir rapidamente são válidos
e maravilhosos.

A diferença está na qualidade.

*Porém, não recomendo que ninguém tenha uma
atitude passiva.*

Por favor me compreenda bem. Creio que a
diligência é uma característica admirável. Ela sempre

nos traz recompensas. A preguiça não é traço de uma pessoa bem-sucedida. Não estou falando a respeito de esperar indefinidamente. Não estou querendo incentivar o leitor a deixar o que está fazendo de lado até que o mundo ao nosso redor esteja se arrastando. *Faça A Coisa Certa Da Primeira Vez.*

Salomão despendia o tempo necessário para realizar seus projetos com o maior grau possível de excelência. Ele acreditava que é sempre melhor fazer uma coisa certa do que três pela metade.

Ele até mesmo se recusava a apressar as conversas com outras pessoas. "Você já viu alguém que se precipita no falar? Há mais esperança para o insensato do que para ele" (Provérbios 29:20).

Recusar-se a ter pressa é uma das melhores qualidades de quem realiza feitos incomuns. Esse é um dos segredos que contribuíram para que Salomão se tornasse o homem mais rico que já existiu.

⇜ 17 ⇝

SALOMÃO LANÇOU A "SEMENTE" MILAGROSA DO TEMPO

A Consciência Sobre O Tempo É A Grande Diferença Entre Os Pobres E Os Abastados. Já mencionei várias vezes o famoso bilionário Sam Walton que se recusava a investir em qualquer empresa com base no que ela renderia dali a um ano e meio ou dois anos. Ele pensava a longo prazo. Procurava analisar o que a companhia ia tornar-se dali a dez anos. Fazia estimativas para longos períodos.

Recentemente, divulgou-se uma pesquisa apontando que as empresas americanas em geral estabelecem objetivos para cinco anos. Porém, as companhias japonesas mais eficientes e bem-sucedidas criam planos para cem anos. A diferença é imensa.

O tempo é realmente a maior e mais significativa dádiva que recebemos nesta terra.

Pensemos a respeito disso.

O Tempo É A Moeda Corrente Deste Mundo. Trocamos nosso tempo por tudo aquilo que possuímos. Se não temos algo significa que não estivemos dispostos a trocar nosso tempo por isso.

Gostaria de perder cinco quilos — uma amiga minha se lamentou recentemente. — Entretanto não tenho tempo para ir a um *spa* e exercitar-me to-dos os dias. Gostaria de ter tempo para fazer isso! Entretanto todas as noites ela assiste à televisão durante duas horas. Está disposta a trocar seu tempo por entretenimento, mas não para ter um corpo sadio. *Se não possuímos algo, significa que não estivemos dispostos a lançar a semente do tempo para conseguir o que desejamos.*

Há uma grande diferença entre os pobres e os poderosos; os paupérrimos e os prósperos. Essa distinção está na maneira como *gerenciam o tempo.* Analisemos o que escrevi anteriormente:

▶ *Nunca vi uma pessoa empobrecida que tivesse consciência do tempo de que dispõe.*

▶ *Nunca vi uma pessoa abastada que não tenha consciência do tempo.*

Nunca contrato ninguém que se recuse a usar relógio ou a ter uma secretária eletrônica. Sua atitude indiferente para com o tempo demonstra como é a vida dessa pessoa. O tempo é a dádiva mais preciosa que recebemos. Quando não nos dispomos a protegê-lo e a valorizá-lo, sabotamos deliberadamente o principal segredo para uma vida bem-sucedida.

Compartilhei esse pensamento em uma conferência certa vez. Quando terminei minha palestra, um jovem veio até mim e disse de maneira jocosa: Quando desejo saber as horas, pergunto às pessoas ao meu redor. Elas me dizem!

Ele não entendeu o que eu quis dizer, e com poucas frases revelou uma grande falha de caráter. Foi terrível saber que ele deliberadamente destrói a dádiva do tempo. E ainda mais trágico foi perceber que ele está disposto a prejudicar o enfoque e o tempo das pessoas com quem convive.

O maior pianista clássico que já viveu investiu seu dom mais precioso — a dádiva do *tempo* — para desenvolver o talento que possuía.

Os maiores pintores que este mundo já conheceu, aqueles cujo trabalho adornam os museus, hoje em dia, investiram a maior dádiva que possuíam — o *tempo* — para desenvolverem seu talento. Encontre uma floresta de amizades infrutíferas na qual as folhas foram arrancadas, e verá um lugar onde ninguém lançou a semente do tempo. Encontre um deserto de sonhos áridos onde a criatividade nunca floresceu, e verá um lugar onde ninguém lançou a semente do tempo. A dádiva do tempo também fica evidente através de pessoas que realizam feitos extraordinários e incomuns. Se abrimos uma revista que fala de saúde e vemos uma pessoa com um corpo saudável, escultural e tonificado, percebemos que esse indivíduo semeou a semente do tempo.

Encontre alguém que realizou *grandes obras,* e verá uma pessoa que alcançou o sucesso com a "moeda" chamada tempo.

Encontre uma empresa próspera, incomum e bem-sucedida, e verá alguém que plantou a semente do tempo bem fundo.

Suponhamos sair para um passeio relaxante pelo campo uma tarde. Numa curva na estrada, olhamos para a direita e visualizamos: arbustos, mato e vegetação densa, uma cerca de arame farpado frouxa, pilhas de folhas tão altas que mal conseguimos enxergar o que há por trás, espinheiros crescendo por todos os lados. É impossível correr por ali. Uma caminhada naquele lugar se tornaria uma experiência difícil, podendo até mesmo nos causar ferimentos com os ramos das plantas cortando nossos ombros, os espinhos machucando nosso rosto. Diante desse quadro, conseguiríamos imaginar uma pessoa que queria investir dinheiro naquela folhagem densa e nos galhos perigosos dessa floresta? Esse não é um lugar bastante desejável para estar. Na verdade, instintivamente nos apressaríamos em afastar-nos daquele cenário desagradável o mais rápido possível. Agora imagine que continuamos viajando pela estrada. Alguns quilômetros adiante, chegamos ao topo de uma colina, em direção à auto-estrada. Olhamos novamente para a direita. O cenário agora é de tirar o fôlego. Existem árvores lindas alinhadas ao longo de uma estrada sinuosa e um portão. Há flores de todas as cores pontilhando a paisagem. A grama está cortada cuidadosamente. Parece que vinte jardineiros "esculpiram" aquele jardim apenas para nós. É como o céu na terra. Passamos com o carro por aquele belo cenário e vemos nossos amigos nos esperando do outro lado do portão.

O que fez a diferença? *Alguém investiu a semente do tempo e transformou a selva num parque.* Retirando ervas daninhas, podando arbustos e árvores, e cuidadosamente semeando o tempo, criou-se um pequeno paraíso.

Todas as vezes que passamos por uma estrada, podemos ver onde as sementes do tempo foram lançadas. Os lugares feios nunca recebem atenção. Os cenários belos custam bastante, mas as recompensas são ilimitadas.

Agora visualize a jornada de sua vida. Enquanto caminha pelos períodos de selva em sua existência, onde os espinhos e os arbustos tornam a passagem impossível, lembre-se de que a semente do tempo pode transformar essa floresta num paraíso. Talvez seu problema seja um relacionamento ou uma empresa que não consegue prosperar.

A semente do tempo é um segredo que geralmente passa despercebido. Encontre uma criança incomum, confiante, entusiasmada e desejosa de alcançar seus sonhos e objetivos. Alguém investiu nela a semente chamada tempo.

Encontre os risos, a exuberância e o estímulo de um adolescente indo para o trabalho, todas as manhãs, e verá uma vida onde a semente do tempo foi lançada.

Salomão compreendia que o segredo da excelência é investir tempo, quer o objetivo seja conseguir preparo físico, construir uma bela casa ou fundar uma empresa lucrativa.

O mistério da excelência está na semente chamada tempo.

Salomão tinha um sonho. Ele sentia que era seu destino construir um templo santo em honra ao Deus que controla o universo. Salomão tinha milhares de empregados à sua disposição e também recursos para pagar qualquer valor que desejasse. Muitos países desejaram participar de seu projeto.

Entretanto ele não tinha pressa.

Não tomou decisões impensadas.

Salomão compreendia o poder misterioso e miraculoso da pequena semente que cresce no jardim da grandeza — a semente do tempo.

Os pobres geralmente se apressam. Alguns desejam ficar ricos rapidamente, do dia para noite. Muitos ficam na fila quase uma hora esperando para comprar um bilhete de loteria, mas poucos se assentam por duas horas toda semana numa sala de aula para conseguir a Sabedoria e o conhecimento de que necessitam. Alguns gastam mais dinheiro com bilhetes de loteria do que com livros. Eles não conhecem a semente milagrosa chamada tempo.

Alguns pais dão dinheiro para seus filhos problemáticos. Compram os melhores carros, enviam-nos em longas viagens, gastam com roupas de marcas que lhes garantem a aprovação dos colegas. Entre-tanto quando se recusam a semear neles a semente milagrosa chamada *tempo,* terminam perdendo tudo.

Onde você passa a maior parte do tempo? Sua resposta demostrará aquilo que *mais* ama.

Amizades especiais exigem que dediquemos tempo.

Um casamento abençoado exige que dediquemos tempo.

Empresas bem-sucedidas exigem que dediquemos tempo.

Devemos fazer-nos algumas perguntas importantes: Quanto tempo estamos dispostos a *investir* para alcançar nosso sonho? Quanto tempo estamos dispostos a investir para pesquisar e *reunir informações* a respeito de nosso sonho? Quanto tempo estamos dispostos a dedicar para planejar *cada dia* de nossa vida? Quanto tempo estamos dispostos a despender para *compreender* as pessoas com quem convivemos?

Leva mais tempo para construir um arranha-céu do que uma cabana de madeira. É necessário muito mais tempo para construir um Rolls Royce do que uma bicicleta.

Seu sonho é realmente importante para você? É importante o suficiente para absorver seu tempo e sua atenção? Se não está convencido de que seu projeto merece que você invista tempo, nunca dedicará a vida a ele.

Salomão levou sete longos anos para construir o templo. Foram sete anos negociando contratos. Entretanto, em 1 Reis 6:38, lemos que o sonho dele era grande o suficiente para que lançasse a semente do tempo.

▶ Encontre algo *grande.*

▶ Encontre algo ao qual valha a pena dedicar *toda sua vida.*

▶ Encontre algo que você levará *vários anos para alcançar.*

Então dedique todas as suas energias a isso. Concilie cada relacionamento e amizade a esse projeto. O tempo é o segredo dos ricos.

Pessoas ricas pensam a longo prazo. Poucos pobres deixam um legado para os filhos. Eles se preocupam apenas em sobreviver, e não em estabelecer sucessores. Esse é o segredo do sucesso — a capacidade de pensar além do presente.

Nossa energia só dura enquanto nos mantemos focados. Portanto, devemos ter um objetivo a longo prazo. Este produzirá entusiasmo e sustento em nossa vida.

11 Segredos Que O Ajudarão A Empregar O Tempo de Maneira Sábia

1. Invista O Tempo Necessário Para Alcançar O Maior Nível de Excelência Em Seu Trabalho. A pessoa que trabalha para mim elaborando ilustrações e as capas de meus livros é um jovem que vive na Carolina do Norte. A qualidade de seu trabalho é a melhor que já vi. Ele é meticuloso. Recentemente, entrei em contato com ele a respeito de um projeto urgente.

Chris, estou precisando de uma capa para um novo livro. Já o estamos enviando para a gráfica e preciso de seus serviços imediatamente. Você pode começar a trabalhar nela hoje à noite e entregá-la em dois dias?

Dr. Murdock, o senhor me conhece bem. Farei o possível para atender seu prazo — ele respondeu. Entretanto, não permito que algo seja publicado com meu nome a menos que seja o melhor trabalho que possa oferecer. Nunca apresentarei um serviço malfeito e uma capa da qual possa me arrepender mais tarde. Passe o serviço para outra pessoa, se necessário, ou *então me dê tempo suficiente para que eu faça o melhor.* Esse é o segredo de seu talento extraordinário. Martin Luther King disse isso muito bem. "Se um homem for contratado para varrer a rua, deve fazê-lo como Michelângelo pintava, ou como Beethoven compunha, ou como Shakespeare escrevia suas peças. Ele deve varrer a rua tão bem que todas as hostes celestiais e terrenas parem para dizer um dia: 'Aqui viveu um grande varredor de ruas que realizava seu trabalho muito bem'".

Alguém já disse: "As pessoas lembrarão da qualidade de seu produto muito tempo depois de terem se esquecido do quanto lhe custou".

Não comece nada que não deseje terminar.

2. Busque Melhorar A Qualidade de Todas As Conversas das Quais Participar. Quando abrir a boca, fale de maneira clara, com propriedade e por completo. Busque a excelência em cada palavra que pronunciar. Pense a respeito do que vai dizer. Dedique tempo a isso. Esteja ciente da qualidade de suas idéias em cada situação que vivenciar.

3. Não Permita Que Qualquer Pessoa Se Aproxime de Você. Nem todas as pessoas devem ter a mesma liberdade com você. Intimidade é algo que deve ser conquistado. Eu não permito que qualquer pessoa entre em meu escritório para ter uma reunião comigo.

Meus objetivos são *muito importantes.*

Meus planos são *prósperos*.
Meus encontros devem ser *apropriados*.
Booker T. Washington disse certa vez: "A excelência consiste em fazer algo comum de modo incomum". Exija qualidade de qualquer pessoa que conviva com você. Que critérios estabelece para seus relacionamentos?

▶ As pessoas devem realmente *estar interessadas* em algo que você possui e mostrarem-se *dispostas a fazer o necessário* para receber isso.

▶ As pessoas devem possuir algo que você deseja e estarem dispostas a oferecer isso a você.

4. Encare Suas Sementes do Tempo Como Moedas de Ouro Que Você Entrega A Outras Pessoas. Se vir uma criança jogar uma moeda de ouro no valor de US$500 dólares na sarjeta, você lhe daria mais moedas? Apenas um tolo agiria assim. Entretanto, todos os dias pessoas avarentas, entronas e abusadas pegam as moedas de ouro de seu tempo e as lançam ao vento. Evite isso *identificando relacionamentos prejudiciais*. Não se envolva com pessoas problemáticas que não valorizam as moedas de ouro chamadas *tempo*.

5. Dedique Tempo Aos Mentores Que Tenham Algo A Oferecer-lhe. Seu mentor tem algo para lhe dar que você não pode conseguir com mais ninguém neste mundo. Para receber essa dádiva, deve passar tempo suficiente com a pessoa para que ela lhe transmita o que for necessário.

6. Dedique Tempo Para Construir Uma Reputação de Integridade. Salomão sabia que "a boa reputação vale mais que grandes riquezas; desfrutar de boa estima vale mais que prata e ouro". Isso está escrito em Provérbios 22:1.

7. Controle A Atmosfera E O Tempo de Todas As Suas Reuniões. Já mencionei isso anteriormente. Entretanto, esse ponto é digno de ênfase. Quando alguém marcar um encontro com você às três, estipule o fim da reunião imediatamente. "Estarei com você das três às três e meia". Por que isso é tão importante? Porque se a pessoa chegar vinte minutos atrasada, estará determinado que seu tempo juntos será reduzido. Vocês só terão os dez minutos restantes. *Tudo que fazemos serve para ensinar as pessoas ao nosso redor.* Se permitimos que elas lidem com nosso tempo de maneira descuidada, o período que passarem conosco se tornará menos significativo.

8. Acostume As Pessoas Com Quem Convive A Respeitarem Seu Tempo. Não se torne um indivíduo desagradável nem exigente ao extremo. Seja amável, porém, firme.

Recentemente, um jovem quis encontrar-se comigo. Embora minha agenda estivesse toda ocupada e houvesse alguns projetos atrasados, ele insistiu tanto que decidi modificar meu cronograma para recebê-lo. Então ele me telefonou na última hora.

Estou envolvido com um projeto e não poderei comparecer à reunião — ele explicou. Então quis saber se poderíamos encontrar-nos numa outra oportunidade. Expliquei a ele que eu também tinha muitas tarefas. Disse que compreendia a sua situação e que, se eu considerasse a reunião interessante, telefonaria avisando.

Poucas pessoas têm objetivos importantes aos quais se dedicam todos os dias. Elas às vezes tiram duas horas de almoço sem pensar duas vezes. Carecem de foco e propósito. Esse tipo de amizade sabota nossos sonhos.

9. Seu Sonho Exigirá Muito Mais Tempo do

Que Você Imagina.

▶ *Precisará de Tempo Para Se Preparar.* O tempo que passar na universidade, em seminários, em treinamento irá prepará-lo para alcançar seu sonho. Esse é um investimento que vale a pena.

▶ *Você Precisará de Tempo Para Fazer Negociações.* Terá de rever custos, os salários das pessoas que o auxiliam, a compra de um novo edifício para sua empresa. Busque aprender sobre a importância das negociações.

10. Um Sonho Incomum Exige Bastante Meditação. Pense e medite a respeito. Avalie seus objetivos de todas as perspectivas possíveis. Se refletimos em algo por bastante tempo, eventualmente conseguimos enxergar isso. Tudo aquilo para o qual olhamos por tempo suficiente, torna-se a imagem mais forte em nossa mente.

Salomão conhecia esse segredo. Ele escreveu em Eclesiastes 3:1-3: "Para tudo há uma ocasião certa; há um tempo certo para cada propósito debaixo do céu: Tempo de nascer e tempo de morrer, tempo de plantar e tempo de arrancar o que se plantou, tempo de matar e tempo de curar, tempo de derrubar e tempo de construir".

Ele reconhecia as recompensas inevitáveis e insubstituíveis da paciência. Precisou de sete longos, difíceis e sofridos anos para construir o templo. Entretanto realizou seu sonho. Em Gálatas 6:9, está escrito: "E não nos cansemos de fazer o bem, pois no tempo próprio colheremos, se não desanimarmos".

11. Compre Uma Agenda Para Poder Gerenciar Seu Tempo.

▶ Ela precisa ser *pequena o suficiente p*ara você

carregar e tê-la sempre à mão.
▶ Deve ser *grande o suficiente* para poder anotar seus sonhos e objetivos para cada dia da semana.
▶ Pesquise vários tipos de agendas.
▶ Faça perguntas às pessoas com quem convive que têm uma vida produtiva. Peça conselhos a respeito de como elaborar uma agenda para gerenciar seu tempo.
▶ Esforce-se bastante para disciplinar sua vida durante os *trinta dias* do mês.
▶ Desenvolva um plano bastante claro, todos os dias, e *esteja ciente* do tempo que tem disponível.

Salomão empregou a "semente do tempo" para alcançar a maior realização de sua vida. Esse foi um dos segredos que contribuíram para que ele se tornasse o homem mais rico que já existiu.

⁓ 18 ⁓

SALOMÃO SE DISPUNHA A CONFRONTAR SEUS ADVERSÁRIOS

Às Vezes É Impossível Evitar Conflitos. Salomão sabia que após a guerra vem a paz. Às vezes temos de entrar numa batalha para garantir a paz. Na verdade Salomão, cujo nome significa "pacífico", reinou tranqüilamente por quarenta anos. Alguns podem achar estranho que aquele rei tenha sido o primeiro a criar uma esquadra naval. Ele reuniu mais soldados do que os reis que o precederam. *Esse foi um dos segredos para ele ter mantido a paz em Israel.* Como o querido ex-presidente americano Ronald Reagan muitas vezes dizia, Salomão acreditava na "paz através da *força*".

Sempre haverá arruaceiros. Quando eles surgem, muitas vezes é necessário confrontá-los para que deixem de causar transtorno.

Davi, o pai de Salomão, foi um dos combatentes mais bem-sucedidos e famosos que já viveram. Quando era garoto, matou um urso e um leão com as próprias mãos vazias, enquanto pastoreava os rebanhos de Jessé. Ele compreendia os conceitos de planejamento, ataque e emboscada. O rei Davi sabia como antecipar os pensamentos de seu inimigo e tomava decisões que promoviam a derrota de seus oponentes. Ele agia de maneira a criar confusão nos adversários e estimular suas próprias tropas.

O mesmo Davi que dançou fervorosamente perante o Senhor e seu povo, enchendo-o de estímulo, também fingiu-se louco, deixando a saliva escorrer de sua boca, para que seu inimigo achasse que ele havia perdido o juízo.

Obviamente Davi instruiu Salomão na arte da guerra. Em 1 Reis 2, podemos ler que Davi aconselhava seu filho com relação aos inimigos e o advertia sobre seus amigos e as pessoas qualificadas para assentarem-se à sua mesa. Entretanto também deu a Salomão sua aprovação para que este buscasse a destruição de seus inimigos.

E foi assim que Salomão agiu. Quando seu meioirmão Adonias, com a ajuda de Bate-Seba, pediu Abisague, a sunamita, como esposa, isso despertou a ira de Salomão.

Lemos em 1 Reis que a moça era bela e virgem. Ela serviu de companheira para Davi nos últimos dias de vida deste rei. Adonias demonstrou total desrespeito pelo protocolo espiritual e desejou tomar essa mulher e deitar-se com ela (veja 1 Reis 2:23-25). Salomão ordenou que o irmão fosse morto imediatamente.

Por quê? Porque se fosse tolerante, estaria enviando uma mensagem errada. Salomão lembrou-se das atitudes de seu pai Davi. Pelo fato de este não ter agido com firmeza para com Absalão e outros, quase perdeu o reino.

Nossos inimigos exigem de nós um alto preço; alto demais para que nos esquivemos de confrontos.

Salomão amava a paz e a buscava. Porém, também apreciava muitíssimo a justiça. Ele era filho de dois adúlteros, e o primeiro marido de sua mãe [Urias] havia sido morto por ordem de seu próprio pai. Salomão conhecia os resultados da guerra. No entanto, também estava ciente dos resultados devastadores da passividade. Salomão conhecia as recompensas da persistência, da tenacidade e do confronto. Ele sabia que a passividade pode ter conseqüências trágicas. Por isto, manteve-se firme em reconhecer seus adversários e confrontá-los. Hoje em dia, as regras do mundo civilizado são diferentes. Com exceção de casos extremos em que a guerra se faz necessária, negociamos com os adversários, em vez de matá-los. Nós os confrontamos por meio de contratos, leis e princípios.

7 Fatos Importantes Que Devemos Lembrar Quando Confrontarmos Inimigos

1. O Inimigo Expõe Nossas Fraquezas. Isso é importante. Se não compreendemos nossos pontos fracos, nunca poderemos liberar nossas qualidades. Na página 32 de seu excelente livro *A Millionaire's Notebook* [O livro de notas de um milionário], Steven K. Scott, co-fundador da *American Telecast Corporation* estimula seus leitores a "fazer uma lista do que considera suas maiores fraquezas, tanto pessoais como profissionais — falta de instrução, poucas realizações profissionais, falta de paciência, irritabilidade, etc".

Não podemos corrigir nossas fraquezas se não as percebemos. Não é possível apreciar as pessoas que nos ajudam a alcançar nossos objetivos se não percebemos em que áreas precisamos de ajuda.

2. Um Inimigo Nos Força A Determinar A Importância de Nossos Objetivos E Sonhos. Sem um inimigo, desperdiçamos tempo em busca de algo que não importa realmente.

3. Devemos Confrontar Os Inimigos de Imediato. Um ex-governador de New Hampshire e chefe da equipe de um ex-presidente americano fez uma observação interessante. Ele afirmou que governava empregando a filosofia da "semente de carvalho". Lidava com os problemas quando eram ainda ínfimos, em vez de esperar até que se tornassem do tamanho de um carvalho adulto. Esse tipo de atitude ajuda a dirimir problemas antes que estes afetem todas as pessoas ao nosso redor.

4. Geralmente Nosso Inimigo Se Vale de Alguém Que Amamos.

5. Geralmente Nosso Inimigo Se Vale de Alguém Em Quem Confiamos.

6. Geralmente Nosso Inimigo Se Vale das Pessoas Mais Vulneráveis Com Quem Convivemos.

7. Cada Inimigo Usa Um Método Para Tentar Enganar-nos.

Salomão cresceu aos pés de seu pai, um guerreiro, um homem que sabia o que era necessário para trazer espólios para casa. Salomão não tinha medo da guerra. Estava ciente da importância de confrontar seus inimigos. Valeu a pena buscar a *recompensa*.

Confrontar os adversários foi um dos segredos que contribuíram para que Salomão se tornasse o homem mais rico que já existiu.

⤳ 19 ⤳

SALOMÃO MANTINHA VIVOS O ENTUSIASMO E A GRANDIOSIDADE DE SEU SONHO

Tudo Pode Morrer, Até Mesmo Um Sonho. Tudo aquilo que negligenciamos termina se deteriorando. Pode ser um casamento excelente ou o sonho de uma vida. Salomão compreendia a importância de motivar outras pessoas. Ele mantinha contato com construtores, empregados e todos os envolvidos na realização de seus projetos. Sabia que o entusiasmo deles dependia do estímulo que lhes passava. Eles mantinham um foco definido por causa da comunicação constante que recebiam da parte de Salomão. *Os escritos antigos registram que ele estava sempre em contato com as pessoas necessárias para realizar seu sonho.*

Ele continuamente as lembrava da grandiosidade de seu projeto. Em 1 Reis 8:17-20, lemos: "Meu pai Davi tinha no coração o propósito de construir um templo em honra ao nome do Senhor, o Deus de Israel. Mas o Senhor lhe disse: 'Você fez bem em ter no coração o plano de construir um templo em honra ao meu nome; no entanto, não será você que o construirá, mas o seu filho, que procederá de você; ele construirá o templo em honra ao meu nome'. E o Senhor cumpriu a sua promessa: Sou o sucessor de meu pai Davi, e agora ocupo o trono de Israel, como o Senhor tinha prometido, e construí o templo em honra ao nome do Senhor, o Deus de Israel".

Donald Trump, um dos homens mais ricos da América do Norte, costuma dizer: "Assim que chego ao meu escritório, *começo a retornar ligações*". Certa vez li que determinado multimilionário liga para seu escritório pelo menos *dez vezes por dia*.

As pessoas ao nosso redor sempre têm interrupções e distrações. Precisam de nosso estímulo e nosso incentivo de maneira a permanecerem *focadas* no objetivo.

Qual seu maior sonho atualmente? Que tarefa deseja *completar?* O que tentaria fazer se soubesse que não poderia fracassar?

4 Segredos Para Estimular As Pessoas Ao Seu Redor

1. **Faça Uma Representação Artística de Seu Sonho E Pendure-a Na Parede Para Que Possa Vê-la Todos Os Dias.** Deleite-se nesse projeto. Converse e pense a respeito dele. Você deve manter seu plano diante de seus olhos.

2. **Dê Pequenos Passos, Todos Os Dias, Em Direção Ao Seu Sonho.** Às vezes as menores atitudes produzem grande alegria em nosso íntimo. Por menor que sejam os passos, se estivermos caminhando na direção certa, sempre ficaremos satisfeitos. Realize pequenas coisas, tantas quantas forem necessárias, e se sentirá mais estimulado e desejoso de realizar seu sonho.

3. **Reúna Uma Equipe de Apoio Que**

Acredite Em Seu Projeto. Escolha cuidadosamente as pessoas que estarão próximas a você. Elas irão estimulá-lo e servirão como seus "líderes de torcida".

4. Dê-se Conta de Que É Responsável Por Manter O Entusiasmo E O Estímulo Para Alcançar Seu Sonho. Isso não é responsabilidade de seu cônjuge. Esse é o *seu* sonho e sua vida. Deve fazer o necessário para estabelecer uma atmosfera de vitória com relação ao seu projeto!

Salomão entendia isso. Ele comemorava tudo o que acontecia, inclusive sua capacidade de estabelecer um clima favorável ao seu redor. *Manter seu sonho vivo* foi um dos segredos que contribuíram para que Salomão se tornasse o homem mais rico que já existiu.

Quando As Pessoas Erradas *Deixam* A Sua Vida, As Coisas Erradas *Param* de Acontecer.

-MIKE MURDOCK

≈ 20 ≈

SALOMÃO NÃO TOLERAVA DESLEALDADES

A Deslealdade É Destrutiva E Mortal.
É uma decisão invisível, silenciosa, que geralmente passa despercebida, da parte de alguém próximo a nós, para destruir nosso sonho e promover nossa ruína. Gente que age assim é o pior tipo de inimigo que podemos ter na vida.

Quando condenados, contra-espiões geralmente recebem prisão perpétua. Por quê? Por que a justiça não lida de maneira branda com uma pessoa que procura destruir de maneira silenciosa e secreta a nação em que vive. Um espião estrangeiro recebe uma pena mais leve do que um cidadão cuja deslealdade causa a morte de muitos.

Traição não é meramente uma *falha* de caráter. É na verdade *ausência* de caráter. Quem age assim toma a decisão de usar as informações que possui para destruir sua própria nação.

Salomão assistiu ao seu pai, o rei Davi, cometer o maior erro da vida — *tolerar a deslealdade.* Incentivo você a ler esse relato inesquecível presente em 1 Reis 2. Salomão viu essa tragédia se desenrolar diante dele diariamente.

Absalão era filho de Davi e um homem muito belo. Ele invejava o *glamour,* a popularidade e a prosperidade de seu pai. Então se colocou do lado de fora do palácio e cumprimentava as pessoas, uma a uma. Como *gotas de veneno,* suas palavras caíam nos ouvidos dos cidadãos de Israel. Ele semeou incerteza, dúvida e discórdia, insinuando que Davi estava ocupado demais para dar atenção às necessidades e não se importava com as dificuldades e o sofrimento do povo. Absalão se mostrou disponível a todos, e literalmente roubou o coração das pessoas que Davi havia liderado por tantos anos. Um dos atos mais vis que o ser humano pode cometer tornou-se seu hábito — Absalão se deitou com as concubinas de seu pai.

Absalão não tinha uma *falha* de caráter.

Absalão não tinha nenhum caráter.

Ele ostentava seu pecado e menosprezava a gran deza de seu pai. Entretanto, Davi não o confrontou de maneira apropriada. Por permitir que Absalão continuasse com seu erro, Salomão teve de observar aquela "novela". Assistiu ao reino romper-se porque Davi foi tolerante, permitindo que as pessoas erradas se aproximassem dele. Quando o general Joabe desafiou as instruções de Davi matando Absalão, ficou óbvio que aquele oficial não tinha respeito pelo rei.

De várias maneiras, Salomão foi mais sábio que seu pai. Conseguiu reinar em paz por muitos anos, primeiramente por que lidava de maneira rápida e decisiva com a deslealdade. Davi permitiu esse tipo de atitude se alastrar, e seu reino foi marcado pelas guerras.

O relato registrado em 1 Reis 2 é bastante detalhado. O irmão de Salomão, Adonias, desejava o trono. Entretanto, após um ato especial de misericórdia e graça, Salomão percebeu a inveja e o ciúme de seu irmão, que queria abalar e destruir o reino. Adonias comunicou seu desejo de receber a concubina de Davi como esposa para Bate-Seba, a mãe de Salomão. Com essa atitude, Adonias passou dos limites. Salomão percebeu a verdade no coração de seu irmão, e confrontou o problema de maneira decisiva. Matou Adonias, e preservou a paz em seu reino. *Pessoas de sucesso são invejadas.* E também são odiadas. Isso o surpreende, leitor? Pessoas que realizam feitos incomuns geralmente recebem o desprezo daqueles que desejam subir até o topo.

Donald Trump afirma: "Um dos problemas quando nos tornamos pessoas de sucesso é que inevitavelmente nos tornamos alvo dos ciúmes e da inveja de outros".

Existem pessoas — eu as chamo de perdedoras — que se sentem realizadas por atrapalhar os planos dos outros. *Sempre encontraremos pessoas com falha de caráter.* Cada um de nós tem sua cota de prejuízo, sofrimento e incompetência. Aqueles que trabalham conosco podem cometer alguns erros ao tomar decisões e fazer julgamentos. Geralmente estes são causados por interpretações errôneas ou por confiarem nas pessoas erradas. Portanto, sempre teremos inúmeras *oportunidades* para demonstrar misericórdia e graça. A "semente" da bondade sempre produz bons resultados quando lançada no solo *apropriado.*

Entretanto, temos de reconhecer os resultados devastadores de tolerar a deslealdade. Se permitirmos que traidores e críticos sagazes permaneçam em nosso meio, *ameaçarão o sucesso de pessoas fiéis e verdadeiras que convivem conosco.*

Vários anos atrás, tomei uma decisão difícil. Viajo bastante, e dependo de meus supervisores para solucionarem quaisquer problemas que surjam em meu escritório. Embora raramente estivesse presente, ouvia comentários sobre atitudes desleais, desunião e insatisfação entre as pessoas que trabalhavam comigo. Eu não conseguia compreender o motivo. Embora passasse pouco tempo no escritório, minha equipe parecia bastante satisfeita quando eu estava por perto. Ninguém demonstrava desgosto por conviver comigo. Entretanto, os rumores permaneciam.

Um dia chegou ao meu conhecimento que alguns de meus assistentes mais leais e fiéis gostariam de estar trabalhando em outras empresas. Aquilo me chocou. Eles nunca mencionaram sua insatisfação diretamente a mim. Por isto, comecei a analisar e conversar em particular com cada um deles.

Descobri seis pessoas que continuamente "envenenavam" os colegas de trabalho. Fiquei abismado. Aquelas seis pessoas eram funcionários a quem eu havia dado os maiores bônus e os melhores presentes. Eram indivíduos que eu me esforcei para agradar. Porém, eles invejavam tudo de bom que acontecia a mim. Eram invejosos, ciumentos e competitivos. Estavam semeando críticas no coração de pessoas maravilhosas que conviviam comigo. E essas sementes começaram a crescer.

Então despedi os seis.

Fiquei imaginando o que ia acontecer em seguida. Sabia que a carga de trabalho aumentaria para os demais funcionários, mas não tinha idéia de quem eu contrataria para tomar o lugar dos que foram dispensados. Só tinha uma certeza: *não podia tolerar dissensões,* pois essa atitude destrói pessoas íntegras.

O resultado foi notável.

Entrei em meu escritório no dia seguinte, e senti como se o céu houvesse descido. As pessoas cuja expressão parecia sombria e incerta, mostravam-se felizes e satisfeitas. A nuvem negra se dissipara. O arco-íris chegara. Não podemos aceitar pessoas desleais em nosso meio.

Quando As Pessoas Erradas Saem de Nossa Vida,

Coisas Erradas Deixam de Acontecer. Um dos maiores erros que cometi foi ter tolerado indivíduos prejudiciais por tempo demais. A deslealdade não é como uma gripe qualquer. Não basta tomar duas aspirinas e repousar. A deslealdade é como um câncer que se espalha pelo corpo.

3 Características de Pessoas Desleais

▶ **Pessoas Desleais Não Desejam Mudar.** Querem fazer com que percamos nossa *posição de destaque.*

▶ **Pessoas Desleais Não Se Consideram Erradas.** Pensam que *nós* é que estamos errados.

▶ **Pessoas Desleais Não Buscam Solucionar Problemas.** Pensam que *nós* somos o problema.

Não há dinheiro no mundo que possa transformar um empregado desleal em uma pessoa leal. Não é uma questão de recompensa financeira, mas de *caráter.*

6 Segredos Que O Ajudarão A Lidar Com A Deslealdade

1. Não Tente Enganar-se A Respeito de Uma Pessoa Desleal. Seja sincero consigo mesmo e enfrente o problema com todo vigor.

2. Certifique-se de Que Todos Os Fatos Sejam Provados Sem Questionamentos. Fofoca não é fato. Pessoas boas podem ser prejudicadas porque alguém as acusa erroneamente. Não acredite em tudo que ouve.

3. Dê Ao Acusado O Direito de Defender-se. Reúna todos os envolvidos. Recentemente, um dos membros de minha equipe disse algo sobre um colega de serviço, e imediatamente chamei todas as pessoas envolvidas ao meu escritório. Não é sábio ouvir uma acusação contra alguém que não esteja presente. Certifique-se de que a pessoa mencionada esteja diante de você quando alguém lhe apresentar uma acusação.

4. Faça Perguntas Sinceras E Apropriadas A Respeito Daqueles Que Você Suspeita Estarem Sendo Desleais. Compare as respostas com as atitudes deles. Pare de ler lábios, e passe a ler pegadas.

5. Mencione Os Motivos de A Pessoa Estar Sendo Demitida. Seja sincero e seja o mais justo possível.

6. Certifique-se de Que A Demissão Seja Feita Com Gentileza, Dignidade E Dentro Da Lei. A pessoa pode processar-nos se não lidarmos com o caso da maneira apropriada. Sempre consulte um advogado. Pague cada centavo que deve. Se houver alguma dívida, é melhor fazer um sacrifício agora do que passar vários anos tendo de lidar com problemas.

Salomão se recusava a tolerar qualquer tipo de deslealdade. Esse foi um dos segredos que contribuíram para que ele se tornasse o homem mais rico que já existiu.

⪻ 21 ⪼

SALOMÃO SE MOSTRAVA GRATO PELO FAVOR QUE RECEBIA DAS PESSOAS

Os Sábios Sempre Se Lembram de Atos de Bondade. A bondade é um presente muito raro. Cada ato amável é digno de celebração. Este mundo costuma mostrar-se bastante frio e duro. Portanto, quando alguém nos ajuda a prosperar, merece ser reconhecido e lembrado.

Salomão agiu de acordo com esse princípio. Quando fez um acordo com Hirão, rei de Tiro, Salomão mencionou o relacionamento daquele rei com seu pai Davi. Lemos em 2 Crônicas 2:3 que Salomão escreveu para Hirão, rei de Tiro, dizendo: "Envia-me cedros como fizeste para meu pai Davi, quando ele construiu seu palácio".

O rei Davi, pai de Salomão, escreveu muitos cânticos de gratidão a Deus. Podemos ver a partir de seus escritos que ele ensinou isso a seu filho também.

Salomão *foi instruído* a ser grato.

Com Apenas Uma Frase, Esse Rei Demonstrou Os Seguintes Detalhes A Hirão:

1. *Você tem sido o tópico de várias conversas no palácio;*

2. *Meu pai o amava;*

3. *Seu caráter e sua reputação de bondade e generosidade têm sido comentados por toda minha família há anos;*

4. *Você é confiável, considerado e celebrado como amigo por aqueles que precisam de um amigo;*

5. *Também sou grato por sua disponibilidade e aprecio a oportunidade de relacionar-me com você;*

6. *Sua participação em meu sonho e em meu projeto será grandemente valorizada;*

7. *Tenho algo para acrescentar ao nosso relacionamento que irá abençoá-lo e fazê-lo prosperar;*

8. *Devemos buscar comunhão.*

Considero a gratidão uma arte esquecida. Já assinei centenas de cheques bastante generosos nos últimos trinta e dois anos. Menos de três em cada dez pessoas me escrevem ou expressam seu apreço pessoalmente.

Muitos anos atrás, estabeleci uma tradição de recompensas em minha vida. Nos últimos trinta e dois anos, tenho viajado pelo mundo, visitando trinta e oito países. Já fiz muitos amigos e os valorizo grandemente. Lembro dessas pessoas com freqüência. Entretanto, meus compromissos não permitem que eu me comunique com elas mais amiúde.

Para mudar isso, passei a separar um dia por ano, no feriado de ação de graças, e escrevo um bilhete de agradecimento a cada um de meus amigos. Começo com as dez pessoas mais importantes em minha vida. Então acrescento mais dez indivíduos que tiveram grande influência sobre mim.

À medida que meus recursos financeiros foram aumentando, desejei fazer mais. Juntamente com os bilhetes de agradecimento, passei a enviar um peru defumado às primeiras dez pessoas da lista. Esse presente especial para a refeição de ação de graças visa lembrá-las de que sou grato por seu amor, seu apoio e sua amizade. O resultado foi muito gratificante. Vários de meus amigos ligaram para dizer: "Você tem nos mimado todo ano, enviando aquele peru defumado! Já não incluímos esse item em nossa lista de compras, porque sabemos que você vai mandarnos um de presente".

Essa é apenas uma pequena demonstração comparado com o que essas pessoas investiram em minha vida. Entretanto, é algo que faço do fundo do coração, uma prova tangível de meu apreço. Espero um dia ter dinheiro suficiente para fazer isso por todos os meus amigos. Entretanto, até esse dia chegar, fico satisfeito de demonstrar minha gratidão a algumas pessoas que têm influenciado grandemente minha vida.

Separe alguns minutos agora mesmo, e faça uma lista das pessoas por quem mais se sente grato. Chame-a de "lista de ação de graças". Esta pode incluir parentes, antigos mentores ou professores e aqueles que estiveram ao seu lado, incentivando-o durante períodos específicos ou em alguma crise.

Seja meticuloso; pense bastante. Às vezes aqueles que mais nos ajudam estão tão perto que os menosprezamos.

Agora faça uma lista completa com número de telefone, de fax e endereço. Esse será seu "círculo de amor de ação de graças". Pense em maneiras criativas de expressar sua gratidão a esses indivíduos. Talvez deseje telefonar a cada um no primeiro dia do mês, mencionando algumas palavras de agradecimento. Ou então enviar um bilhete sucinto, de próprio punho, demonstrando seu amor. Ou ainda mandar um presente no dia de ação de graças como eu faço.

▶ *Para Sermos Inesquecíveis Devemos Fazer Algo Inesquecível.*

▶ *Para Que Alguém Deseje Estar Conosco, Devemos Ser PesSoas Agradáveis.*
Uma das lembranças mais maravilhosas que tenho é a de um jovem que me dizia constantemente: "Obrigado por me dar o privilégio de trabalhar para o senhor. Poder conviver com o senhor é um dos maiores presentes que Deus me deu". Aquilo me marcou muito. *Que pessoa mais influenciou sua vida?* Com quem pode contar se todos o abandonarem? Quem teve participação fundamental para que conseguisse o emprego que tem atualmente?

Estou lendo um livro de Dave Thomas, fundador da *Wendy's International*. Ele foi um homem notável que demonstrou seu apreço por Minnie Sinclair, sua avó adotiva, e por Frank e George Regas, seus primeiros mentores. Embora Dave possuísse milhões de dólares, não se esqueceu de agradecer a Phil Clauss, que lhe deu um emprego no restaurante *Hobby House,* quando sua família se mudou para Fort Wayne, Indiana.

Os vitoriosos sempre são gratos, principalmente pelos favores que recebem.

6 Fatos Importantes A Respeito de Apreciação

1. Qualquer Pessoa Gosta de Sentir-se Apreciada. Todo mundo, independente do quanto seja famoso ou rico, carrega uma placa invisível pendurada no pescoço com os dizeres: "Por favor, diga que sou importante para você".

2. Basta Apenas Um Momento Para Expressarmos Gratidão E Apreço A Alguém. Não precisamos ser Ph.Ds., dar um bônus de vinte mil dólares nem dispensar duas horas de nosso dia. Uma frase simples, um telefonema ou um bilhete podem transmitir perfeitamente nossa gratidão.

3. Não Precisamos Gastar Muito Dinheiro. A gratidão não custa nada. Talvez você ganhe US$5 dólares por hora, mas seu salário não tem nada a ver com sua gratidão ou seu apreço. Mesmo os mais ricos não precisam receber presentes caros, apenas palavras sinceras de agradecimento.

4. Nunca Menospreze O Favor Que Outras Pessoas Lhe Concedem. Isso não é uma atitude pequena em um mundo imenso. É uma grande coisa num mundo bem pequeno.

5. Aprenda A Transmitir Palavras de Gratidão. Toda criança deve aprender as "palavras mágicas" como, "obrigado; gostei muito do que você fez; você tem sido uma bênção; você tem tornado minha vida muito mais fácil; por mais que o agradeça, nunca será o suficiente" *Por mais que nos mostremos gratos, nunca é o suficiente.*

6. Quando Expressar Gratidão, As Pessoas Se Lembrarão de Você. A gratidão nos destaca das massas. Você deseja que os outros percebam que é diferente? Seja grato. Anseia para que seu patrão veja o quanto seu trabalho é importante e o respeite? Seja grato. Provavelmente ele não encontra esse tipo de atitude com freqüência. Comece já.

Não desperdice nenhum momento. Comece com seus familiares. Expresse seu apreço por seu cônjuge após um dia de trabalho. Transmita palavras de gratidão aos seus filhos quando chegarem da escola. Elabore seu "círculo de amor de ação de graças" agora mesmo. Lance sementes de amor em grande número e com freqüência a todas as pessoas que sejam dignas.

Sempre demonstre gratidão e apreço. Essa é uma característica de pessoas extraordinárias e incomuns.

Em Provérbios 3:27, está escrito: "Quanto lhe for

possível, não deixe de fazer o bem a quem dele precisa". *Salomão se mostrava grato por receber o favor de outras pessoas.* Ele compreendia a importância de ter um coração agradecido. Esse foi um dos segredos que contribuíram para que ele se tornasse o homem mais rico que já existiu.

❦ 22 ❦

SALOMÃO CONFIAVA EM SEU MENTOR

Mentores São Como Pontes Para Nosso Futuro. Mentores são aquelas pessoas que já estiveram onde você deseja chegar ou já realizaram algo que você deseja fazer. Sua perseverança os qualifica a aconselhar-nos. Salomão menciona várias vezes o ato de "receber instrução". Em todos os seus escritos, ele falou da importância de ouvir a instrução de outras pessoas.

Ele descreveu aqueles que se rebelam contra a instrução e os chamou de *tolos;* aos que respeitam a correção, chamou de *sábios.*

Em Provérbios 9:9 está escrito: "Instrua o homem sábio, e ele será ainda mais sábio; ensine o homem justo, e ele aumentará o seu saber".

Davi, pai de Salomão, foi um grande salmista e um guerreiro. É quase certo que, em determinado momento de sua vida, ele compartilhou com Salomão seu desejo de construir o templo.Também é provável que aquele rei tenha contado a Salomão que Deus não permitira que ele executasse aquele projeto por ser um homem de guerra. Apenas um valido incomum (indivíduo especialmente estimado e protegido) pode ouvir confidências sobre os períodos de sofrimento de seu mentor. Salomão teve esse privilégio.

Ele se sentia orgulhoso do fato de Deus ter falado

a seu mentor, o rei Davi, a respeito da tarefa que ele, Salomão, teria realizado. Salomão mencionou isso abertamente ao povo. O mesmo ocorreu com Samuel, um jovem que recebia instrução do velho sacerdote Eli. Deus conversou com Samuel e lhe contou assuntos confidenciais a respeito daquele homem. Mentores especiais reconhecem a proteção e a ação de Deus sobre validos incomuns.

12 Detalhes Importantes Sobre A Instrução

1. Seu Mentor É Uma Dádiva de Deus. Não o menospreze. Valorize seu ensino e busque instrução.

2. Você Precisa Buscar Contato Com Seu Mentor. Necessita de tudo aquilo que ele sabe e pode transmitir-lhe, e não o contrário.

3. Seu Mentor Não Precisa de Seu Conhecimento, Mas Você Carece Da Instrução Dele. Seu mentor já realizou o que desejava sem a sua participação. Você ainda tem sonhos a realizar. Ele já resolveu os problemas que você enfrenta atualmente.

4. Seu Mentor Não Agirá Como Um Líder de Torcida. Ele será como um técnico.

5. A Função de Seu Mentor Não É Confirmar O Que Você Faz Corretamente, Mas Corrigi-lo Quando Errar.

6. Mantenha Seu Foco No Cerne Da Experiência de Seu Mentor. Podem haver outras áreas em que seu mentor não tenha tanto conhecimento. Talvez seu advogado cozinhe mal, portanto procure instruir-se sobre questões legais, em vez de querer aprender a cozinhar com ele.

7. Marque Reuniões Particulares Com Seu Mentor. Ele agirá de maneira diferente com você se houver mais pessoas presentes. Você poderá receber ensinamentos exclusivos se dedicar tempo suficiente para estar com ele.

8. Mantenha Contato Constante Com Seu Mentor E Faça Perguntas Apropriadas Quando Elas Surgirem. Tenha sempre um caderno à mão. Quando um pensamento ou uma idéia lhe vier à mente, anote. Então converse a respeito disso por telefone ou se encontre com seu mentor.

9. Seu Mentor Geralmente Fará Comentários Apenas Sobre Os Assuntos Que Você Abordar. Já vi várias pessoas com quem convivo cometer erros. Meu tempo era muito escasso, ou elas não mostraram interesse em buscar minha ajuda, portanto não pude intervir. Mais tarde, elas se aproximaram de mim e falaram de seu fracasso. Sabiam que isso ia acontecer. Entretanto, não estavam dispostas a buscar informações comigo antes de tomarem decisões.

10. Não Compartilhe Os Segredos Que Receber de Seu Mentor Com Qualquer Pessoa. Isso é o que torna um relacionamento especial. Muitos comentários e sábias idéias que ouvi de meus mentores eu nunca ensinaria publicamente. Entretanto, essa instrução me capacitou a compreender mais o lado humano de meus mentores e a obra de Deus em sua vida.

11. Dê-se Conta de Que A Humanidade de Seu Mentor Deve Servir de Estímulo A Você. Se seu mentor fosse perfeito, não conseguiria tolerar sua presença! Se vemos uma pessoa que tem falhas alcançar um sucesso extraordinário, isso nos dá confiança. Isso significa que também podemos ser muito bem-sucedidos, apesar de nossas fraquezas. É útil observar o que outras pessoas fazem de errado, e aprender com isso.

12. Você Deve Estar Preparado Para Viver Sem A Presença de Seu Mentor. Davi morreu, e Salomão teve de depender apenas de Deus. *Salomão valorizava as descobertas de outras pessoas.*

Existem pessoas com quem você convive que possuem algo que você não tem. Nunca se esqueça disso. Elas já experimentaram determinadas situações, fizeram observações, e sabem de coisas das quais você ainda não se deu conta.

Valorize essas descobertas.

Salomão colecionou três mil provérbios de Sabedoria. Ele acolheu, aplicou e preservou a Sabedoria de seu pai Davi e de várias outras pessoas. Ao mesmo tempo, avaliou novas descobertas e revelações. Ele era um "sabe tudo". Procurou conviver com outras pessoas e reconheceu os talentos e as habilidades delas. Seu sonho de construir o maior templo que já existiu não teria se tornado realidade se ele não valorizasse o conhecimento de outros indivíduos.

Recentemente, um jovem que disse a muita gente que eu era seu mentor veio procurar-me. Ele insistiu em dizer que era meu aprendiz, uma pessoa que seguia minhas orientações. Então, decidi fazer um teste com ele.

Você disse que segue minhas orientações. Diga-me então quais foram as três últimas perguntas que me fez.

Ele ficou chocado. Pensou muito, e não conseguiu lembrar-se de nenhuma pergunta que me fizera no mês anterior, embora tivesse acesso a mim e se assentasse ao meu lado em todas as reuniões que realizei.

Ele nunca me fizera uma pergunta sequer.

Não devemos dizer que somos aprendizes de alguém se nunca conversamos ou estudamos sobre algo com essa pessoa. Se tomamos decisões importantes sem o conselho de nosso mentor, não somos realmente seus aprendizes. Se gastamos muito dinheiro sem consultar nosso mentor, não podemos ser considerados seus aprendizes.

4 Qualidades de Um Aprendiz Incomum

1. Aprendizes Incomuns Valorizam As Descobertas de Seus Mentores.
2. Um Aprendiz Incomum Reconhece Sua Necessidade de Mudar. Se fracassarmos em reconhecer nossa necessidade de mudar em alguma área, nunca procuraremos ser diferentes. Também não apreciaremos aqueles com quem convivemos que exigem mudanças de nossa parte e nos estimulam a fazê-las.
3. Um Aprendiz Incomum Confia Em Seu Mentor. Ele está sempre disposto a levar em consideração as instruções que recebe, quer as compreenda ou não. Eliseu agiu assim quando Elias lhe disse: "Se você me vir quando eu for separado de você, terá porção dobrada". Eliseu talvez não soubesse o que aquilo significava, mas confiou em seu mentor.

Rute seguiu a instrução de Noemi quando esta lhe sugeriu que visitasse a casa de Boaz. Ela parecia satisfeita em permanecer solteira. Entretanto, ouviu cuidadosamente as palavras de sua mentora.

Um aprendiz que se recusa a seguir as diretrizes de seu mentor demonstra não confiar totalmente em seu conselho. Essa é uma atitude perigosa. A semente da incerteza eventualmente irá gerar divisão e críticas com relação ao seu mentor. Sempre que percebo pessoas desprezando abertamente minhas instruções, percebo estarem desenvolvendo um espírito crítico.
4. Um Aprendiz Incomum Sabe Que,

Quando Pára de Perguntar, Seu Mentor Deixa de Responder. Geralmente os mentores querem que façamos perguntas e sabem de muitos assuntos sobre os quais não conversam. Somente quando o aprendiz pergunta algo as respostas começam a fluir. Isso aconteceu na vida de Jesus. *Ele sabia de muitas coisas, mas apenas quando os discípulos perguntaram ele lhes disse o que ia acontecer.* O eunuco etíope tinha uma necessidade, mas apenas quando pediu a Filipe que o acompanhasse, recebeu a ajuda deste (veja Atos 8). *Salomão foi um aprendiz incomum.* Ele confiava em seu mentor. Esse foi um dos segredos que contribuíram para que ele se tornasse o homem mais rico que já existiu.

～ 23 ～

SALOMÃO APRENDEU COM AS TRAGÉDIAS QUE VIVENCIOU

Tragédias Acontecem Com Praticamente Qualquer Pessoa. Os pobres geralmente se sentem como se fossem alvo constante de catástrofes. Em seu coração, às vezes acreditam que o dinheiro pode resolver qualquer problema. Entretanto, os ricos também choram e passam noites insones. Os abastados não são isentos de sofrimento.

Analisemos a vida de Salomão. As tragédias fizeram parte do tecido de sua existência entrelaçadas como um fio carmesim.

Seu pai, Davi, assassinou o primeiro marido de Bate-Seba. Tenho certeza de que toda a família tecia milhares de comentários sobre a terrível conspiração de Davi para que Urias fosse morto em batalha. A irmã de Salomão [Tamar] foi estuprada por um de seus irmãos [Amon]. Absalão tentou destruir seu pai e seu reinado. Adonias tentou usurpar o trono de Salomão.

Porém, de alguma maneira, este rei conseguiu manter-se focado em seu objetivo e lutou por isso. *Ele acreditava em seu destino.*

Ele enxergou *além* das tragédias.

Conseguiu ver as recompensas da *persistência*.

Esta não é uma qualidade que escolhemos. Ela é produto de uma "obsessão". Tal determinação só brota de uma dedicação total a algo que desejamos. Salomão sabia disso. Podemos ver essa evidência através do que ele escreveu em Eclesiastes: Há "tempo de amar e tempo de odiar...tempo de derrubar e tempo de construir" (Eclesiastes 3:8, 3). Ele aceitava cada um desses períodos, aprendia com eles, e adquiriu Sabedoria com essas experiências.

As pessoas bem-sucedidas nem sempre conseguem evitar as tragédia *que as cercam,* mas podem impedir as tragédias *em seu íntimo.*

Grandes homens também tiveram sua parcela de sofrimento.

Todos demonstraram solidariedade nos momentos de angústia de Bill Cosby, o querido comediante americano, quando seu filho Ennis foi encontrado assassinado no acostamento de uma estrada. Cosby deu provas de bom-senso e estabilidade emocional. Como esse profissional bem-sucedido e extrema-mente rico conseguiu lidar com a morte de seu único filho? Ele telefonou para a mãe de uma garota que perdera a vida num tiroteio no mesmo dia em que seu filho morreu! Ele a consolou e a incentivou.

Bill Cosby enfrentou essa perda expressando gratidão pelo fato de ter sido capaz de desfrutar a presença de seu filho pelos anos em que conviveram. Então ele procurou consolar outras pessoas que estavam sofrendo. *Aquilo que fazemos aos outros, Deus garante que aconteça conosco.*

Mary Kay Ash planejou montar uma empresa, e estava bastante entusiasmada com esse projeto. Pouco antes da inauguração, porém, seu marido morreu. Foi uma catástrofe. Ele era muito importante em sua vida e a ajudava bastante. De repente ele se foi quando o maior sonho da vida de Mary Kay estava prestes a começar.

Todavia ela não desistiu. Com certeza lutou contra as lágrimas e o desapontamento. Mas retomou o sonho que tinha em seu íntimo. Reconheceu que sua vida estava longe de terminar. Seu filho se uniu a ela nessa grande realização para auxiliar outras mulheres a obter sucesso em seus empreendimentos. Deu resultado. Hoje em dia, milhares de outras mulheres têm sido motivadas, restauradas e abençoadas por causa dessa mulher extraordinária e incomum.

O comediante Bill Cosby e a famosa empresária Mary Kay Ash têm uma característica em comum: ambos enfrentaram suas tragédias e venceram.

Nosso sonho deve continuar.

Temos que continuar desenvolvendo os objetivos em nosso íntimo.

Talvez experimentemos períodos de sofrimento mais devastadores do que podemos imaginar. Talvez a pessoa que mais amamos nos traia. Nossos filhos podem recusar-se a fazer-nos uma visita. Talvez seu pai nunca diga uma palavra amável a você. Talvez sequer o conheça. As circunstâncias de sua vida podem ser extremamente ruins.

Entretanto, isso não é motivo para desistir.

Leia a incrível história de Dave Thomas, o lendário fundador da *Wendy's International*. Na página 31 de seu livro intitulado Well Done [Bom Feito], vemos que ele também experimentou solidão quando era criança. Podemos vencer qualquer tragédia.

7 Segredos Importantes Para Serem Lembrados Em Períodos de Sofrimento

1. Não Podemos Impedir Que Algumas

Tragédias Ocorram, Mas Há Como Evitar Que Nos Destruam.

2. Nosso Futuro É Maravilhoso Demais Para Desistirmos Dele. Apliquemos nossas energias a algo que esteja diante de nós, e não atrás de nós.

3. Os Quebrantados Geralmente Se Tornam Peritos Em Resolver Problemas. Quando experimentamos períodos de sofrimento, temos oportunidade de levar a cura para outras pessoas que sofrem. Olhe ao seu redor. Deixe que a tragédia quebrante seu coração e torne-o a fonte de cura para indivíduos ao seu redor.

4. Aqueles Por Quem Sente Compaixão São As Pessoas A Quem Deve Ajudar. Quando a situação de alguém o comove, preste atenção nisso. Essa pode ser uma porta aberta para seu futuro.

5. Não Insista Em Fazer As Perguntas Erradas. Em vez de "por quê?", pergunte "qual é o *próximo* passo em direção ao meu sonho?" Quando fazemos as perguntas certas, as respostas corretas surgem.

6. Permita Que O Tempo Cure Suas Feridas Emocionais.

7. Não Fuja do Cenário de Sofrimento. Temos muito a aprender e muito o que experimentar. Um funeral sempre nos traz tristeza, mas isso também gera mudanças. Estas podem trazer grande satisfação a outras pessoas.

Presenciei algo que nunca me esqueci. Vi uma mãe de pé ao lado do caixão de seu filho. Ela disse: "Farei questão de desfrutar a companhia de meus outros filhos mais do que nunca. Não tinha idéia de que isso ocorreria tão rápido. Eu posso perdê-los também". Mais tarde, conversando comigo, esta mãe contou que se deu conta de que 99% de todas as discussões e brigas que tinha com os filhos eram totalmente desnecessárias. Ela dava muita ênfase ao conflito, em vez de dedicar-se a conversar com eles e curtir a presença deles. Quando temos uma perda ou sofremos uma tragédia, devemos separar tempo para observar e encontrar outras pessoas que já passaram pelo que estamos vivenciando. Se o médico disser que você tem uma doença incurável, procure ouvir testemunhos e pensar sobre as vitórias daqueles que receberam uma cura sobrenatural. Aumente sua fé. Aplique todo seu ser em seu futuro.

O futuro é bom demais para que o desprezemos. Salomão *aprendeu com as tragédias.* Esse foi um dos segredos que contribuíram para que ele se tornasse o homem mais rico que já existiu.

O Que Você *Ouve*, Determina O Que Você *Sente.*

-MIKE MURDOCK

⇒ 24 ⇒

SALOMÃO CONHECIA OS EFEITOS DEVASTADORES DE PALAVRAS INAPROPRIADAS

As Palavras Podem Produzir Vida Ou Morte Ao Nosso Redor.

Ninguém nesta terra compreendia melhor o poder das palavras do que Salomão. Ele colecionou três mil provérbios e compôs mil e cinco canções.

Ele também conhecia o efeito que as palavras têm sobre outras pessoas. Em 1 Reis 5:4, ele declarou: "Mas agora o Senhor, o meu Deus, concedeu-me paz em todas as fronteiras, e não tenho que enfrentar nem inimigos nem calamidades".

Salomão não afirmou: "Isso é bom demais para ser verdade. A qualquer momento, algum inimigo irá levantar-se contra mim". Continuamente Salomão visualizava um período de paz e prosperidade, descrevendo-o com suas palavras.

Ele não falava sobre suas dúvidas com ninguém.

Não criava uma atmosfera de temor, antecipando distrações e perdas.

Todos aqueles que se encontravam com Salomão ouviam palavras de consolo, de incentivo e de estímulo.

Era exatamente por isso que as pessoas vinham de todos os lugares para falar com ele. Elas vinham com a vida envenenada com temores, descrença e ansiedade.

Ansiavam estar na presença de alguém que conseguisse enxergar um futuro excelente. Na televisão, vemos muitos médiuns, adivinhos e gente que afirma ser capaz de prever o futuro. Milhões de pessoas consultam astrólogos. Gastam milhões em busca de alguém que possa dizer-lhes que algo de bom irá acontecer em sua vida. Essa é uma das principais preocupações de homens bemsucedidos.

Salomão usava as palavras como *pontes,* ajudando pessoas a saírem de onde estavam e realizarem seus sonhos.

Salomão usava as palavras como *rotas de escape* do presente para que as pessoas pudessem afastarse dos problemas. Ele sabia que as palavras certas sempre abençoam.

O que Salomão dizia alegrava as pessoas.

A rainha de Sabá comentou a respeito disso em 1 Reis 10:8: "Como devem ser felizes os homens da tua corte, que continuamente estão diante de ti e ouvem a tua Sabedoria!" Ela descobriu algo que poucas pessoas aprendem: *Aquilo que ouvimos influencia nossos sentimentos.*

Os provérbios seguintes têm o poder de mudar nossa vida para sempre. Eu estimulo o leitor a memorizá-los. Esses ditos procedem do coração do homem mais rico que já existiu.

▶ "Ouçam, pois tenho coisas importantes para dizer; os meus lábios falarão do que é certo" (Provérbios 8:6).

▶ "A boca do justo é fonte de vida, mas a boca dos ímpios abriga a violência" (Provérbios 10:11).

▶ "Quem é cuidadoso no que fala evita muito sofrimento" (Provérbios 21:23).

47 E Sete Fatos Que Salomão Ensinou A Respeito das Palavras

1. As Palavras Podem Envenenar E Destruir Toda A Vida de Um Jovem. (Leia Provérbios 7.)

2. O Conselho Correto Garante Segurança E Proteção. "Sem diretrizes a nação cai; o que a salva é ter muitos conselheiros" (Provérbios 11:14).

3. Todo Aquele Que Controla Sua Língua Literalmente Protege A Vida. "Quem guarda a sua boca guarda a sua vida" (Provérbios 13:3).

4. Aqueles Que Falam Demais Serão Destruídos. "Quem fala demais acaba se arruinando" (Provérbios 13:3).

5. As Palavras Corretas Podem Garantir-nos A Amizade de Uma Pessoa Irada; As Palavras Erradas Podem Fazer Um Amigo Se Tornar Nosso Inimigo. "A resposta calma desvia a fúria, mas a palavra ríspida desperta a ira" (Provérbios 15:1).

6. Nossas Palavras Mostram Se Somos Sábios Ou Tolos. "A língua dos sábios torna atraente o conhecimento, mas a boca dos tolos derrama insensatez" (Provérbios 15:2).

7. As Palavras Corretas Trazem Vida A Tudo Ao Nosso Redor. "O falar amável é árvore de vida, mas o falar enganoso esmaga o espírito" (Provérbios 15:4).

8. O Propósito das Palavras É Educar, Entusiasmar E Melhorar A Atitude das Pessoas Com Quem Convivemos. "As palavras dos sábios espalham conhecimento; mas o coração dos tolos não é assim" (Provérbios 15:7).

9. Nossas Palavras Podem Influenciar Nossa Felicidade. "Dar resposta apropriada é motivo de alegria; e como é bom um conselho na hora certa!" (Provérbios 15:23)

10. Os Sábios São Cuidadosos Com O Que Falam. "Quem tem conhecimento é comedido no falar, e quem tem entendimento é de espírito sereno" (Provérbios 17:27).

11. As Palavras Certas São Tão Importantes Como A Água Que Rega A Terra E O Sustento Da Vida. "As palavras do homem são águas profundas, mas a fonte da Sabedoria é um ribeiro que transborda" (Provérbios 18:4).

12. Os Homens Fracassam Por Causa do Que Dizem. "A conversa do tolo é a sua desgraça, e seus lábios são uma armadilha para a sua alma" (Provérbios 18:7).

13. Palavras Erradas Ferem As Pessoas E Destroem Amizades Para Sempre. "As palavras do caluniador são como petiscos deliciosos; descem até o íntimo do homem" (Provérbios 18:8).

14. As Palavras Determinam Se Os Sonhos Viverão Ou Morrerão. "A língua tem poder sobre a vida e sobre a morte; os que gostam de usá-la comerão do seu fruto" (Provérbios 18:21).

15. Aquilo Que Permitimos Que As Pessoas Digam A Nós Determina A Sabedoria Que Possuímos. "Ouça conselhos e aceite instruções, e acabará sendo sábio" (Provérbios 19:20). Salomão sabia que as palavras faziam a diferença entre o presente e o futuro.

16. As Palavras Erradas Fazem Com Que Cometamos Erros. "Se você parar de ouvir a instrução, meu filho, irá afastar-se das palavras que dão conhecimento" (Provérbios 19:27).

17. Os Homens Bons Pesam As Palavras Antes de Pronunciá-las. "O justo pensa bem antes de responder, mas a boca dos ímpios jorra o mal" (Provérbios 15:28).

18. A Língua É A Principal Causa de Todos Os Problemas. "Quem é cuidadoso no que fala evita muito sofrimento" (Provérbios 21:23).

19. Os Tolos Raramente Compreendem O Poder das Palavras. "Não vale a pena conversar com o tolo, pois ele despreza a Sabedoria do que você fala" (Provérbios 23:9).

20. Conversar Com Tolos É Perda de Tempo. "Não vale a pena conversar com o tolo, pois ele despreza a Sabedoria do que você fala" (Provérbios 23:9).

21. A Sabedoria É O Resultado do Que Ouvimos. "Ouça, meu filho, e seja sábio; guie o seu coração pelo bom caminho" (Provérbios 23:19).

22. O Momento Oportuno de Dizer Alguma Coisa Decide Nosso Sucesso Ou Nosso Fracasso Em Uma Situação. "O tolo dá vazão à sua ira, mas o sábio domina-se" (Provérbios 29:11).

23. Pessoas Influentes Devem Usar Suas Palavras E Sua Capacidade Para Ajudar Os Pobres E Os Necessitados. "Erga a voz e julgue com justiça; defenda os direitos dos pobres e dos necessitados" (Provérbios 31:9).

24. As Palavras Da Mulher Sábia São Sempre Bondosas. [Ela] "fala com Sabedoria e ensina com amor" (Provérbios 31:26).

25. Nossas Palavras Podem Tornar-se Uma Armadilha Que Nos Destrói. "Caiu na armadilha das palavras que você mesmo disse, está prisioneiro do que falou" (Provérbios 6:2).

26. As Palavras Certas Dão Sustento Às Pessoas Ao Nosso Redor. "As palavras dos justos dão sustento a muitos, mas os insensatos morrem por falta de juízo" (Provérbios 10:21).

27. As Palavras Certas São Tão Valiosas Como Prata E Ouro. "A língua dos justos é prata escolhida" (Provérbios 10:20).
28. As Palavras Certas Podem Nos Poupar de Dificuldades E Problemas. "Quando os justos falam há livramento" (Provérbios 12:6).
29. As Palavras Certas Trazem Cura E Saúde. "A língua dos sábios traz a cura" (Provérbios 12:18).
30. Os Sábios Evitam A Presença Daqueles Que Sempre Falam Coisas Erradas. "Mantenha-se longe do tolo, pois você não achará conhecimento no que ele falar" (Provérbios 14:7).
31. Apenas Os Simples E Os Tolos Acreditam Em Tudo Que Ouvem. "O inexperiente acredita em qualquer coisa, mas o homem prudente vê bem onde pisa" (Provérbios 14:15).
32. As Palavras Certas Nos Dão Acesso A Pessoas Importantes E Influentes. "O rei se agrada dos lábios honestos, e dá valor ao homem que fala a verdade" (Provérbios 16:13).
33. É Necessário Ter Sabedoria Para Falar Palavras Corretas. "O coração do sábio ensina a sua boca, e os seus lábios promovem a instrução" (Provérbios 16:23).
34. Palavras Agradáveis São Os Sons Mais Doces Desta Terra. "As palavras agradáveis são como um favo de mel, são doces para a alma e trazem cura para os ossos" (Provérbios 16:24).
35. A Doçura das Palavras Corretas Pode Curar A Amargura Da Alma Humana. "As palavras agradáveis são como um favo de mel, são doces para a alma e trazem cura para os ossos" (Provérbios 16:24).
36. A Qualidade de Nossas Palavras Revela Que Nosso Coração É Bom. "O homem sem caráter

maquina o mal; suas palavras são um fogo devorador" (Provérbios 16:27). Podemos conhecer o coração de qualquer pessoa ouvindo o que ela diz a respeito dos outros. **37. As Palavras Expõem Rapidamente A Inveja E O Ciúme Ou A Admiração E O Respeito.** "O homem sem caráter maquina o mal; suas palavras são um fogo devorador" (Provérbios 16:27). **38. As Palavras Erradas Destroem As Melhores Amizades.** "O que espalha boatos afasta bons amigos" (Provérbios 16:28). **39. A Causa de Disputas Quase Sempre São Palavras Maléficas.** "O homem perverso provoca dissensão" (Provérbios 16:28). **40. Libera-se O Mal Pelos Lábios.** "Quem pisca os olhos planeja o mal; quem franze os lábios já o vai praticar" (Provérbios 16:30). **41. Não Devemos Responder Sem Conhecer Todos Os Detalhes Da Situação.** "Quem responde antes de ouvir comete insensatez e passa vergonha" (Provérbios 18:13). A precisão de fatos só é importante quando temos as informações adequadas à nossa disposição. **42. As Palavras Influenciam E Afetam O Acúmulo de Nossas Riquezas.** "Do fruto da boca enche-se o estômago do homem; o produto dos lábios o satisfaz" (Provérbios 18:20). Praticamente ninguém menciona isso nos ensinos a respeito de prosperidade hoje em dia. Entretanto, podemos ser demitidos ou deixar de ganhar uma promoção por proferirmos palavras erradas.

Lembro-me de ocasiões em que eu planejava dar um aumento a uma pessoa até que me encontrei com ela e ouvi o que ela tinha a dizer. Reclamações e blasfêmias podem impedir que o patrão nos promova.

43. As Palavras Certas Podem Fazer Com Que O Patrão Nos Promova Ou Nos Dê Um Aumento. "Do fruto da boca enche-se o estômago do homem; o produto dos lábios o satisfaz" (Provérbios 18:20).

44. Uma Conversa Com Uma Mulher Má Pode Destruir Nossa Vida. "A conversa da mulher imoral é uma cova profunda; nela cairá quem estiver sob a ira do Senhor" (Provérbios 22:14).

45. Nunca Entre Numa Disputa Sem Buscar Conselhos. "Quem sai à guerra precisa de orientação, e com muitos conselheiros se obtém a vitória" (Provérbios 24:6).

46. Os Sábios Evitam Elogiar A Si Mesmos. "Que outros façam elogios a você, não a sua própria boca; outras pessoas, não os seus próprios lábios" (Provérbios 27:2).

47. Mentiras Podem Influenciar Negativamente A Atitude de Um Patrão Com Relação A Um Empregado. "Para o governante que dá ouvidos a mentiras, todos os seus oficiais são ímpios" (Provérbios 29:12).

Dave Thomas, o famoso fundador da *Wendy's International,* diz na página 136 de seu livro Well Done [Bom Feito]: "Hoje em dia, a comunicação é o segredo do sucesso".

Salomão compreendia o poder notável das palavras. Esse foi um dos segredos que contribuíram para que ele se tornasse o homem mais rico que já existiu.

⁓ 25 ⁓

SALOMÃO NUNCA PERDIA TEMPO CORRIGINDO TOLOS

Existem Tolos Por Toda Parte.
Se formos corrigi-los ficaremos fisicamente exaustos. Isso atrapalhará nosso foco e fará com que desperdicemos tempo e energia valiosos.

O ex-presidente americano Richard Nixon certa vez comentou sobre Lee Iacocca, o lendário líder da Chrysler, dizendo que aquele homem tinha um grande problema: ele não tolerava tolos. Nixon explicou que a atitude de Iacocca criava dois outros problemas! Primeiro, existem muitos tolos no mundo, e segundo, alguns que pensamos ser tolos na verdade não são!

Uma de minhas personalidades favoritas é Dexter Yager, o famoso empresário da Amway. Ele é um herói para milhões de pessoas. Em seu excelente livro intitulado *Don't Let Anybody Steal Your Dream* [Não deixe que ninguém roube seu sonho], ele escreveu: "Existem três tipos de pessoas: as perdedoras, os aprendizes e os líderes". Concordo. É fundamental saber a diferença.

Salomão compreendia como era fútil corrigir tolos. Ele se recusava a ensiná-los, motivá-los e conviver com eles. *Aquele rei sequer conversava com esse tipo de gente.* Em Provérbios 26:4, lemos: "Não responda ao insensato com igual insensatez, do contrário você se igualará a ele". Salomão simplesmente se recusava a ter qualquer tipo de relacionamento com tolos. Acreditava que eles não deveriam receber honra ou uma posição de autoridade.

7 Características dos Tolos

1. Os Tolos Perpetuam As Ofensas Feitas Contra Eles. Desejam que outros sintam o que estão passando. Em vez de mostrar-se dispostos a resolver o impasse, procuram reunir um exército de "protestantes" contra a pessoa que os ofendeu. Conversam sobre isso em casa, no telefone e com todos os conhecidos que encontram.

Acabe, por exemplo, era rei e, no entanto, tinha inveja de um vinhedo que pertencia a outra pessoa. Ele reagiu estimulando a ira de sua esposa. Ela mandou matar um homem para conseguir o terreno. Deus percebeu a tolice do casal, e lançou seu julgamento imediato.

2. Os Tolos Desejam Algo Que Não Merecem. A mulher de Acabe, a rainha Jezabel, também era tola. As palavras amargas de seu marido sobre o homem que possuía o vinhedo fizeram com que ela desejasse assassiná-lo. Por quê? Porque Jezabel desejava aquilo que não havia conquistado.

Anos atrás, um jovem de minha equipe se aproximou de mim e perguntou por que não havia recebido um aumento. Então retirei uma folha de papel de meu caderno de anotações.

Eis a lista de tarefas que, várias vezes, pedi que você fizesse. Ainda não completou as instruções que passei anteriormente. Entretanto, tenho de pagar seu salário toda semana. Como ousa pedir mais dinheiro, se ainda não fez por merecer o que já paguei a você? Ele entendeu o que eu lhe disse e desculpou-se.

3. Os Tolos Ignoram O Conselho de Mentores. Deus sempre coloca uma pessoa sábia e experiente próxima de alguém que não tem experiência. Essa pessoa representa uma porta de escape do presente para o futuro. No entanto, constantemente os tolos ignoram o conselho de pessoas bem-sucedidas. Conseqüentemente, sua vida é uma sucessão de fracassos.

4. Os Tolos Se Recusam A Admitir Seus Erros. Seu sofrimento dá prova de que erraram. Não somos tolos se cometermos um erro, mas sim se recusarmos a admiti-lo.

5. Os Tolos Se Recusam A Buscar Conselhos de Pessoas Vencedoras Com Quem Têm Contato. Recentemente, ouvi inúmeras reclamações sobre problemas financeiros. Aparentemente várias pessoas do meu convívio estavam irritadas, porque não conseguiam pagar suas contas, etc. Por isto, investi $20.000 dólares, e trouxe seis multimilionários para realizar uma conferência especial de três dias em minha empresa. Chamei-a de "Conferência de Milionários Incomuns".

Cada uma daquelas pessoas que vinha a mim reclamando de suas finanças teve *acesso* àqueles homens extraordinários por três dias. Fiquei chocado quando percebi que os que mais reclamavam não compareceram, embora a maioria deles morasse a menos de cinco minutos do local onde realizamos as palestras. Ignorar a Sabedoria é prova de um problema bastante arraigado. Certamente essa é uma das características de um tolo.

6. Os Tolos Confundem Seus Melhores Amigos Com Seus Inimigos. No Novo Testamento, vemos que Judas traiu Cristo. Porém, Jesus era quem o amava mais do que qualquer outra pessoa. As crianças geralmente são influenciadas por aqueles que lhes oferecem drogas, em vez de serem influenciadas por seus pais que lhes dão comida, roupas e abrigo. No caso dos jovens, chamamos isso de "fardo da imaturidade". Nos mais velhos, porém, que já têm conhecimento, isso é prova de estupidez.

Quem são seus amigos genuínos? Nunca permita que um conhecido macule a lealdade de um amigo verdadeiro. Nunca permita que um conhecido macule a lealdade de um amigo verdadeiro.

7. Os Tolos Geralmente Traem Aqueles Que Mais Acreditam Neles. Há alguém neste mundo que acredita em nós. Alguém que nos ajuda e nos estimula. Contudo, milhares não reconhecem ou não apreciam as pessoas que realmente se importam. George Foreman, o famoso boxeador, é uma de minhas personalidades favoritas. Ele escreveu um livro interessante, que eu recomendo, intitulado *By George* [Por George]. Ele escreveu: "Não importava os problemas que meus pais enfrentassem. Eles nunca afetaram a confiança que meu pai tinha em mim. Desde minha infância, ele acreditava que eu seria um campeão. Ele me amava. Não encontrava outros garotos com a mesma energia que eu demonstrava. Como os outros que investiram em mim, ele me azucrinava constantemente. Às vezes eu tinha vontade de dar um soco no olho dele.

'Campeão mundial dos pesos pesados', ele gritava, e erguia meu braço depois que eu tentava lutar com alguém quatro vezes o meu tamanho. 'Mais forte do que Jack Johnson'. 'Você bate como Jack Dempsey'".

George Foreman reconhecia que seu pai lhe dava muito estímulo. Ele não foi um tolo. Quem gastou tempo para *discipliná-lo*? Para *ensiná-lo*? Para *estimulá-lo*? *Dedique-se a essas pessoas em retribuição.* Proteja-as, pois são uma dádiva de Deus para sua vida.

Nunca desperdice suas energias com tolos. Esse é um dos segredos que contribuíram para que Salomão se tornasse o homem mais rico que já existiu.

Quando Você É
Atribuído A Alguém,
Os Objetivos
Dessa Pessoa Se
Tornam Os Seus Objetivos.

-MIKE MURDOCK

≈ 26 ≈

SALOMÃO RECOMPENSAVA AQUELES QUE O AJUDAVAM A ALCANÇAR SEUS OBJETIVOS

Recompense As Pessoas Que Solucionam Problemas Por Você.

Você nunca realizará nenhum sonho importante sem que haja pessoas que o amem e desejem participar de sua vida.

Hirão, rei de Tiro, ajudou Salomão fornecendolhe trabalhadores e servos. Embora haja alguma controvérsia a respeito de como esses trabalhadores eram recompensados por Salomão, os escritos antigos documentam o seguinte em 1 Reis 5:11: "E Salomão deu a Hirão vinte mil tonéis de trigo para suprir de mantimento a sua corte, além de vinte mil tonéis de azeite de oliva puro. Era o que Salomão dava anualmente a Hirão". Em outras palavras, Salomão pagava um salário satisfatório aos seus trabalhadores.

6 Sugestões Para Recompensar As Pessoas Que Você Ama

1. Recompense Seus Familiares Quando Estes O Ajudarem A Alcançar Seus Objetivos.

Anos atrás, meu pai fez algo de que nunca me esqueci. O salário mais alto que ele já recebera como pastor foi de US$125 dólares por semana. Com esse pagamento irrisório, ele alimentava, vestia e fornecia abrigo para nossa família. Éramos sete filhos. Ele até mesmo pagava aluguel da casa onde vivíamos, de propriedade da igreja. Certa noite, ele nos lançou um desafio bastante incomum.

Crianças, quero mostrar a vocês a conta de luz do mês passado. É muito importante que todos criem o hábito de apagar a luz quando saírem de um cômodo. Vamos usar menos o aparelho de arcondicionado. Sua mãe e eu queremos fazer algo especial para vocês, se nos ajudarem. Concordamos em pegar a diferença entre a conta de luz de agora e a do mês que vem e usar o dinheiro para comprar sorvete para vocês. Vocês poderão tomar o quanto quiserem, dependendo de quanto conseguirem economizar.

Esse desafio nos estimulou extremamente.

Não tenho muitas lembranças de comer sorvete e outras guloseimas. Foi uma ocasião maravilhosa e uma oportunidade de sermos abençoados. Assim, pelos trinta dias seguintes, cada um dos irmãos desafiava os demais. "Você esqueceu de apagar a luz!" era algo que ouvíamos constantemente pela casa.

Aquilo nunca fora importante para nós antes. Independente de quantas vezes papai nos dizia para apagar as luzes, quando ele não estava por perto, elas continuavam acesas. De repente nosso comportamento tornou-se o oposto. Por quê? Por causa da *recompensa*.

Havia algo para nós naquele acordo. Por acaso foi uma atitude egoísta? De maneira nenhuma.

▶ *Cuidar de si próprio* significa fazer algo que nos beneficia.

▶ *Egoísmo* consiste em *privar outros* de algo

para nosso benefício próprio. A conta de luz veio mais baixa porque papai decidiu recompensar-nos por auxiliá-lo naquele objetivo.

2. Pessoas Que Realizam Feitos Incomuns Sempre Querem Saber Que Recompensa Conseguirão Para Solucionar Um Problema. Adoro o relato estimulante da vida de Davi, o garoto pastor. De acordo com o Antigo Testamento, ele matou um leão e um urso com as próprias mãos.

Quando Davi foi levar comida para seus irmãos no campo de batalha, viu e ouviu os gritos e as blasfêmias de Golias, o terrível gigante filisteu.

O leitor se lembra da primeira coisa que Davi fez? Perguntou que *recompensa* receberia o homem que matasse o gigante. Alguém disse que ele poderia casar-se com a filha do rei e ser isento de impostos pelo resto da vida. *Aquela recompensa estimulou um desejo incomum em seu íntimo.*

Davi correu para o riacho, e pegou cinco pedras. Quando voltou, gritou ao gigante: "Vou cortar sua cabeça!", e fez isso!

3. Lembre Constantemente Às Pessoas Que Participam de Seus Projetos Sobre As Recompensas Que Receberão. Às vezes é sábio *lembrar* às pessoas ao nosso redor das recompensas que obterão. Talvez *nós* pensemos a respeito desse ganho diariamente, mas pode ser que elas não. Estão muito ocupadas com tarefas, obrigações e problemas pessoais.

4. Às Vezes Temos de Lembrar A Nós Mesmos As Recompensas de Nossos Objetivos E Sonhos. Nem sempre é fácil lembrar os motivos de estarmos buscando nossos objetivos.

O sofrimento presente às vezes impede que enxerguemos o futuro. Não se permita desviar ou distrair-se de seu propósito. Faça pausas e avalie os resultados de seus esforços. Por que está fazendo tal coisa? Pense por alguns minutos. Alguma vez já se esqueceu de seu sonho de independência financeira e sucesso? É claro que sim. Já pensou que permaneceria doente para sempre? Sim. Alguém precisa lembrá-lo de que o melhor ainda está por vir.

Salomão lembrava o povo constantemente da *prosperidade* que obteria.

Foi por isso que a rainha de Sabá comentou a Salomão sobre como eram felizes os homens da corte dele.

Temos de estimular *nossa equipe* continuamente.

Temos de estimular *nossa família* continuamente.

Temos que lembrar *a nós mesmos* continuamente o motivo de estarmos buscando esses objetivos.

5. Recompense Os Líderes de Sua Equipe Com Base Nos Problemas Que Solucionam. Peter J. Daniels, um de meus preletores favoritos, falou a centenas de ministros cristãos no *Mabee Center* em Tulsa, Oklahoma, alguns meses atrás. Ele explicou como cada líder deve dedicar-se a sua vida espiritual, com oração e estudo bíblico. Estimulou os presentes a contratar outro líder para lidar com todas as responsabilidades do escritório, com os relatórios financeiros e as questões legais. Ele acha que os pastores devem investir apenas em seu ministério espiritual. Todos nós desejamos gritar: "É isso mesmo!"

Então ele acrescentou, dando uma piscadela: "Apenas lembrem-se de pagar a essa pessoa o mesmo salário que você recebe".

Poucos estão dispostos a fazer isso.

6. Dê Presentes Inesperados Como "Sementes de Apreciação" Para As Pessoas Que Você Ama. Salomão sabia recompensar os outros. Veja seus comentários a respeito de dar presentes, retirados de Provérbios 29:4 e 19:6: "O rei que exerce a justiça dá estabilidade ao país, mas o que gosta de subornos o leva à ruína". "Muitos adulam o governante, e todos são amigos de quem dá presentes".

Em Lucas 10:7, está escrito: "O trabalhador merece o seu salário".

Um dos ensinos mais veementes das Escrituras é sobre a ira de Deus contra a injustiça e o tratamento desigual. Um deles está em Provérbios 11:1: "O Senhor repudia balanças desonestas, mas os pesos exatos lhe dão prazer".

Salomão sabia que a recompensa do esforço é a prosperidade, a provisão e um pagamento dig-no. "Os planos bem elaborados levam à fartura" (Provérbios 21:5).

Sam Walton, o famoso bilionário, conhecia esse princípio muito bem. Ele se recusava a chamar seus trabalhadores de "empregados". Preferia referir-se a eles como seus "associados". Eles se sentiam recompensados e honrados de fazer parte do sucesso dele.

4 Questões Importantes Que Todo Visionário Deve Perguntar A Si Próprio

1. O Queas Pessoas Com Quem Convivo Fazem Para Me Ajudar A Alcançar Meus Objetivos E Sonhos?

2. Estipulei Claramente, Por Escrito, As Expectativas Que Tenho Para As Pessoas Que Convivem Comigo?

3. Aqueles Com Quem Convivo Conhecem, Concordam E Aceitam As Responsabilidades Que Lhes Deleguei?

4. Quais As Recompensas Para Aqueles

Que Me Ajudam A Alcançar Meus Objetivos E Sonhos? Alguns anos atrás, entrei num estúdio onde estavam fazendo uma campanha de arrecadação de fundos e encontrei um grupo de pessoas desanimadas e desmoralizadas. Os telefones não tocavam. Ninguém estava ligando. Os voluntários choravam, gritavam e clamavam aos telespectadores. Ainda assim ninguém se prontificava a fazer doações. Após observar aquilo por alguns minutos, perguntei ao jovem líder daquele programa:

O que você espera que as pessoas façam? Ele pareceu chocado.

O que sentirem vontade! — foi sua resposta.

Pois é exatamente assim que estão agindo — disse eu. Elas não têm vontade de ligar, portanto não o fazem.

Mas precisamos que elas dêem telefonemas e façam doações!

Respondi com uma pergunta simples:

O que elas receberão se telefonarem? A resposta dele foi bastante sincera:

Teremos de sair do ar se ninguém ligar. Então fui bastante direto:

Alguém pediu para que vocês colocassem esse programa no ar?

Ele pareceu desanimado, então expliquei rapidamente.

Seus telespectadores se sentem moralmente obrigados a afastar-se de tudo aquilo que os menospreze de alguma maneira. Você não lhes mostrou como a participação deles trará *benefícios* para eles próprios. Enquanto não fizer isso, eles têm o direito de recusar-se a telefonar. Criar esse programa de televisão foi idéia sua. Deixe que saibam o que lucrarão se telefonarem, e se tornarão parte de sua vida.

Alguns minutos depois me colocaram no ar e

compartilhei algumas verdades importantes. Enquanto falava aos telespectadores, os telefones começaram a tocar. Em trinta minutos todas as linhas estavam ocupadas. Isso porque os telespectadores agora compreendiam a importância do programa para sua própria vida.

Sempre recompense aqueles que solucionam problemas para você. Salomão compreendia esse segredo, e isso contribuiu para torná-lo o homem mais rico que já existiu.

Integridade Não
    Pode Ser Provada,
Só Discernida.

-MIKE MURDOCK

27

SALOMÃO CRIOU UMA REPUTAÇÃO DE SABEDORIA E INTEGRIDADE

Pessoas Íntegras Sempre Atraem Relacionamentos Dignos. Líderes e reis se agradavam da integridade, da honestidade e da confiabilidade de Salomão. Em 2 Crônicas 2:12, lemos as seguintes palavras de Hirão, rei de Tiro: "Bendito seja o Senhor, o Deus de Israel, que fez os céus e a terra, pois deu ao rei Davi um filho sábio, que tem inteligência e discernimento, e que vai construir um templo para o Senhor e um palácio para si".

As pessoas conversam e falam de nossas fraquezas, de nossos pontos fortes, de nossos fracassos, de nosso sucesso, de nossos temores e de nosso potencial. Quer gostemos ou não, elas formam opiniões a nosso respeito.

Nossa reputação determina o tipo de pessoa que atraímos. Aqueles que preferem nossas fraquezas entrarão em nossa vida para continuar estimulando esses mesmos problemas. Aqueles que valorizam nossos pontos fortes desejarão participar de nosso sucesso.

Nossa reputação determina a dimensão da ajuda que recebemos. Qualquer pessoa adora participar de um projeto bem-sucedido. Uma vez que conheçam nossa reputação, todos desejarão participar e envolver-se.

Entretanto, se ela estiver manchada ou for questionável, as melhores pessoas se afastarão. *A influência de uma boa reputação é muito maior do que imaginamos.* Salomão compreendia isso plenamente, e escreveu em Provérbios 22:1: "A boa reputação vale mais que grandes riquezas; desfrutar de boa estima vale mais que prata e ouro". *As riquezas não podem comprar relacionamentos dignos.* No entanto, amigos dignos sempre produzem algum tipo de riqueza. Anos atrás, tive uma conversa com o gerente de relações públicas de Bob Hope. O famoso e apreciado comediante americano foi amigo de vários presidentes e estabeleceu uma reputação favorável para si em todo o mundo. Seu agente me disse: Mike, Bob tem *credibilidade* com as pessoas por dois motivos: sua *confiabilidade* e sua *perícia.*

A confiabilidade demonstra que somos o que *aparentamos* ser.

A perícia demonstra que somos os *melhores* naquilo que fazemos.

Os dois seguintes ingredientes fundamentais são necessários para criar e estabelecer uma boa reputação com outras pessoas. São simples, porém profundos:

1. *Faça aquilo que promete. Pague* as contas que se prontificou a pagar. *Termine* o que começou.

2. Realize um trabalho de *qualidade.*

Esses dois segredos estabelecem uma reputação que atrai as pessoas corretas, bênçãos incomuns, favores e recompensas financeiras grandiosas.

Que pessoas realmente acreditam em você? Por quê? O que tem feito que poderia desapontá-las se ficassem sabendo? O que você produz que tem atraído pessoas?

5 Segredos Que Nos Ajudam A Criar Uma Boa Reputação

1. Estabeleça Objetivos Possíveis E Cronogramas Razoáveis. Muitas pessoas arruínam seu nome porque tentam agradar os outros, concordando com objetivos e cronogramas impossíveis de serem cumpridos. Temos de deixar espaço para imprevistos. Revezes ocorrem. O mau tempo nos pega de surpresa. Talvez a estimativa de prazo para disponibilizar um produto esteja errada. Pense cuidadosamente sobre todas as dificuldades em potencial que poderá encontrar quando oferecer um emprego a outra pessoa. Recentemente, um profissional estava realizando um trabalho para mim em minha casa. Com o passar do tempo, o preço do projeto sempre aumentava. Após alguns meses, a credibilidade dele comigo começou a diminuir. Eu já não acreditava mais no que ele dizia. Ainda acho que ele é uma boa pessoa, mas não dedicou tempo para antecipar os problemas relacionados à sua atividade.

2. Cumpra Suas Promessas. Faça aquilo que promete, independente do custo.

3. Desenvolva Boas Amizades. Você será conhecido pelos amigos que mantém. Essas pessoas demonstram o tipo de "atmosfera social" que você busca.

4. Nunca Venda Um Produto Que Não Use. Mary Kay, fundadora dos cosméticos Mary Kay, fundou essa empresa em 1963. Hoje em dia, ela possui mais de 400.000 representantes em todo o mundo e fatura mais de dois bilhões de dólares apenas com vendas a varejo. Os representantes de Mary Kay são bemsucedidos porque usam os produtos que vendem.

Na página 23 da edição de abril de 1996 da revista

Business Startups há um artigo de Sandra Mardenfeld no qual ela afirma: "Ao vendermos um produto, os clientes percebem se acreditamos nele ou não".

5. Resolva Os Problemas Mais Imediatos. Não espere até conseguir um cargo mais importante. Encontramos no Antigo Testamento a história de um jovem chamado José que era capaz de interpretar sonhos com precisão. Embora tenha sido jogado na prisão por algo que não fez, interpretou o sonho de dois homens que foram encarcerados com ele. Um deles, o copeiro, foi perdoado e retornou à sua função no palácio de faraó. Quando este teve um sonho atormentador, o copeiro recomendou que trouxessem José da prisão para interpretar o sonho. Em pouco tempo, as habilidades do rapaz fizeram com que ele se tornasse a segunda pessoa mais poderosa no Egito. Isso aconteceu porque José estava disposto a ajudar as pessoas próximas a ele, mesmo na prisão.

Durante a vida, podemos ser enquadrados em uma das categorias seguintes:

▶ Alguém que *soluciona* problemas para os outros.

▶ Alguém que *cria* problemas para os outros.

Certo dia, um amigo me perguntou sobre um jovem talentoso que trabalhava em meu ministério. Quis saber que tipo de empregado aquele homem era. Então perguntou se eu me importaria se ele o contratasse. Aquele jovem recebeu novas oportunidades porque outras pessoas perceberam sua integridade e empenho para comigo. Quando se torna notável que somos alguém que ajuda as pessoas a solucionarem problemas, outros virão à nossa procura.

Também é importante honrar a "corrente de credibilidade". Muitos pastores pedem às secretárias que façam uma triagem dos telefonemas que recebem.

Portanto, quando tento entrar em contato com líderes eclesiásticos, sei que minha atitude para com as secretárias influencia a opinião que terão de mim. Em muitos casos, isso determinará se o pastor me ajudará ou não. Essa é a "corrente de credibilidade". Devemos respeitá-la para obter sucesso.

Recentemente, disseram que um conhecido meu tinha maltratado vários membros de minha equipe. Eles me contaram que aquele indivíduo se comportou mal, foi rude e mal educado. Essa pessoa perdeu credibilidade comigo. Por quê? Respeito e confio em meus funcionários. Afinal de contas, eles dedicam cinqüenta por cento de sua vida para realizarem meus planos. Seu tempo e seu trabalho são importantes para mim. Suas palavras me influenciam e valorizo sua opinião. Não aprecio gente que se mostra respeitosa e amorosa na minha presença e maltrata minha equipe. Não é assim que honramos a "corrente de credibilidade".

Também devemos respeitar a "corrente de autoridade". Aqueles que Deus colocou em posição de autoridade sobre nossa vida são as mesmas pessoas que Deus escolhe para nos promover.

4 Segredos Para Proteger Nossa "Corrente de Promoção"

1. **Valorize O Respeito Que Seus Pais Lhe Concedem.** Honre-os. Fortaleça seu relacionamento com eles.

2. **Honre As Autoridades Espirituais Sobre Você.** Seu pastor ou seu conselheiro espiritual é uma pessoa importante aos olhos de Deus. Busque seu conselho em períodos difíceis e sempre permita que essas pessoas o instruam. Assim você irá criar e manter

uma boa reputação.

3. Respeite Seu Patrão. Ele ouve comentários constantes a respeito de você. Quando as pessoas com quem convive falam de você, devem dizer aquilo que seu patrão gostará de ouvir.

4. Preserve Sua Reputação. Isso determina o sucesso em sua vida. Estabeleça uma reputação de Sabedoria e integridade, e obterá o sucesso que deseja. *Salomão sabia que a reputação é importante.* Esse foi um dos segredos que contribuíram para que ele se tornasse o homem mais rico que já existiu.

❦ 28 ❦

SALOMÃO CONHECIA O PODER DA MÚSICA

A Música Influencia O Ambiente Ao Nosso Redor. Os produtores de cinema de Hollywood gastam qualquer quantia para conseguir músicas, instrumentistas e arranjos que criem o melhor clima possível para cada cena. Por quê? *Porque o sucesso de um filme depende grandemente da qualidade da música presente nele.*

Por todo mundo, gastam-se bilhões de dólares em, CDs, DVDs e aparelhos de televisão e som. Pessoas que não têm dinheiro suficiente para enviar os filhos à universidade investem milhares de dólares para colocar música em seu lar, no escritório e no carro.

A música nos *estimula.*

A música nos *motiva.*

A música nos *faz sonhar.*

A música nos *faz apreciar a beleza.*

A música nos *ajuda a fugir* de circunstâncias desagradáveis.

A música *cura.*

A música *traz esperança* de mudança em nossos relacionamentos.

A música *permanece viva* quando tudo ao nosso redor está morrendo.

A música é *uma corrente no oceano da vida* que nos leva ao palácio de nossos sonhos.

A música nos *restaura* quando somos feridos.

A música nos *estimula* quando as crises nos abatem.

A música nos *dá asas* quando as tragédias nos forçam ao desespero.

A música *muda nossos pensamentos* em poucos segundos.

Salomão era um rei que tinha de lidar com muita burocracia. Seus contratos imobiliários enchiam todos os cômodos do palácio. Ele tinha encontros programados com legisladores e líderes. Tinha de ser hospitaleiro quando governantes estrangeiros entravam em seu palácio. Sua família, suas esposas e seus amigos vinham a ele todos os dias.

Entretanto, Salomão nunca estava ocupado demais para a música.

Essa era sua vida.

Em 1 Reis 4:32, lemos que "os seus cânticos chegaram a mil e cinco".

Um dos livros mais famosos da Bíblia chama-se Cântico dos Cânticos. Nele Salomão registrou seu romance com a mulher que mais amou.

Salomão apreciava a música feita por outras pessoas. Eclesiastes 2:8 afirma: "Provi-me de cantores e cantoras, e das delícias dos filhos dos homens; e de instrumentos de música de toda a espécie" (arc).

A música é uma *ferramenta* que cuidadosamente reconstrói o clima de expectativa, de esperança e de entusiasmo em nossa vida.

A música é uma *arma* que força os inimigos da fadiga e do tédio a dispersarem-se rapidamente.

A música é um *veículo* que nos transporta de imediato do vale da depressão para a cidade da criatividade.

A música é uma *semente* que cresce no jardim dos

grandes feitos, em vez de na floresta escura das expectativas humanas.

A música é uma *rota de escape* quando milhares de tarefas competem para chegar ao nosso caste-lo de privacidade, buscando usurpar o trono da tranqüilidade. A música é o portão para uma realidade sobrenatural, onde nossa imaginação pode fluir sem impedimento.

4 Dicas Úteis Que O Ajudarão A Estabelecer Uma Atmosfera Musical Ao Seu Redor

1. Vasculhe As Lojas de Músicas de Sua Cidade. Separe tempo, faça esse investimento, e estará criando um mundo de sonhos para estimular suas emoções e seus objetivos.

2. Escolha Músicas Que O Inspirem, Motivem E Fortaleçam Sua Confiança. Outros podem não sentir o mesmo que você. Sua família pode não gostar das músicas que você aprecia. Entretanto, quando determinada canção o estimula e traz entusiasmo e fé, vale a pena investir seu tempo e seus recursos financeiros para consegui-la.

3. Pergunte Às Pessoas Que Você Admira O Tipo de Música Que Inspira A Imaginação Delas. Cada um tem seu gosto musical. Entretanto, podemos conseguir idéias maravilhosas conversando sobre isso.

4. Invista Num Equipamento de Som de Qualidade Para Sua Casa E Seu Local de Trabalho. Mandei instalar vinte e quatro alto-falantes nas árvores de minha casa. Nem posso descrever a atmosfera maravilhosa de que desfruto quando caminho por meu jardim ouvindo as músicas que aprecio. Esse é meu mundo. Estabeleci o ambiente que me cerca. Você precisa aprender a fazer o mesmo, leitor. Salomão conhecia o poder da música. Esse foi um dos segredos que contribuíram para que ele se tornasse o homem mais rico que já existiu.

✑ 29 ✑

Salomão Limitava
O Acesso das Pessoas
A Ele

Os Ricos Prezam O Sigilo. Na verdade, os ricos precisam agir assim, porque geralmente possuem informações que algumas pessoas podem distorcer, empregar mal ou vender para quem pagar mais. Não é incomum que os ricos exijam que seus empregados assinem contratos de privacidade, sigilo e discrição.

Os escritos de Sabedoria de Salomão estão repletos de recompensas para aqueles que se mostram discretos e sigilosos. Vejamos o seguinte princípio encontrado em Provérbios 21:23: "Quem é cuidadoso no que fala evita muito sofrimento".

Salomão mantinha o foco. Ele não demonstrava interesse em ouvir críticas de sua equipe. Em Eclesiastes 7:21, ele afirmou: "Não dê atenção a todas as palavras que o povo diz, caso contrário, poderá ouvir o seu próprio servo falando mal de você".

Muitos lutam contra a tentação de ouvir as conversas dos outros para ouvi-los fazer alguma crítica. Então a usam para se voltar contra a pessoa e destruir o relacionamento.

Salomão conhecia o poder e as recompensas de manter-se focado em seu objetivo. Nada era mais importante para ele do que realizar seus projetos *por completo*, nem mesmo os comentários das pessoas próximas a ele.

Salomão raramente falava sobre sua vida pessoal. Em nenhum lugar na Bíblia vemos registrado o nome de seu melhor amigo ou de suas personalidades favoritas.

Na página 24 de um de seus livros, Donald Trump escreveu: "Não gosto de conversar sobre minha vida pessoal...Quando dou uma entrevista, sempre garanto que seja sucinta. O repórter entra e sai em menos de vinte minutos".

Indivíduos bem-sucedidos limitam o acesso das pessoas até eles.

Salomão conhecia o poder da privacidade e do sigilo. Esse foi um dos segredos que contribuíram para que ele se tornasse o homem mais rico que já existiu.

≋ 30 ≋

SALOMÃO SÓ CONTRATAVA PESSOAS FELIZES

Podemos Escolher Ser Felizes. Pessoas felizes são capazes de tomar decisões incomuns. Elas escolhem deliberadamente enfocar o lado bom da vida. Não se deixam abater pelos espinhos. Em vez disso, escolhem observar as rosas — as boas experiências.

A maioria das pessoas acha que indivíduos felizes são aqueles que vivenciam momentos maravilhosos, recebem recompensas financeiras incomuns e o amor dos outros. Geralmente ocorre o oposto. As pessoas mais felizes que conheço são as que vivenciaram as piores tristezas, tragédias e conflitos. Em determinado momento, decidiram que seriam felizes. E isso não é fruto apenas do tipo de personalidade que Deus lhes concedeu.

Salomão prosperava em tudo que fazia. Um de seus segredos estava no modo como selecionava seus empregados. Ele sabia da importância de escolher aqueles cujo semblante ia vislumbrar todos os dias.

A rainha de Sabá percebeu isso de imediato. Como já mencionamos, ela levou um presente estimado em 4,5 milhões de dólares para Salomão. Viajou de carruagem mais de 1.600 quilômetros para se encontrar com aquele rei. Ela era uma líder brilhante e comunicativa. Uma das primeiras observações que fez dizia respeito às pessoas que Salomão selecionara para servi-lo. As palavras dela estão registradas em 1 Reis 10:8: "Bem-aventurados os teus homens, bem-aventurados estes teus servos, que estão sempre diante de ti, que ouvem a tua Sabedoria!" (arc)

▶ Pessoas felizes decidem *ser* assim.
▶ Pessoas felizes gostam das decisões que tomam.
▶ Pessoas felizes geralmente são aquelas que *melhor sabem tomar decisões.*
▶ Pessoas felizes estimulam *os outros* a produzir mais e com mais entusiasmo.
▶ Pessoas felizes usam um *vocabulário* completamente diferente. Elas dizem: "Realizaremos isso!" Os infelizes geralmente declaram: "Isso é impossível".
▶ Pessoas felizes criam uma atmosfera de *expectativa,* e não de depressão.

Certa vez li uma declaração poderosa de um famoso escritor e empresário. Ele disse que a principal pergunta que devemos fazer a uma pessoa que vem a nós em busca de emprego é: "Se eu conversasse com seu último patrão a seu respeito, qual seria a primeira coisa que ele diria?" A resposta será uma descrição do relacionamento que essa pessoa estabeleceu com o último indivíduo em posição de autoridade sobre ela.

Quais lembranças fizeram brotar essa notável compreensão em Salomão sobre como escolher seus empregados? Várias.

Ele foi gerado a partir de um relacionamento ilícito. Seu pai, Davi, matou o marido da mãe de Salomão, Bate-Seba. Absalão traiu e prejudicou seu pai de maneira irreparável perante a nação de Israel. O melhor amigo de Davi matou o irmão de Salomão. A história da família de Salomão era repleta de derramamentos de sangue, conflitos e guerras. Seu pai sofreu várias tentativas de assassinato. Salomão passou a valorizar a alegria quando veio a desfrutar dela. *Por isto só contratava pessoas felizes, que criavam uma atmosfera agradável em seu palácio.* Ele detestava rivalidades, conflitos e ciúmes. Assim se recusava a contratar pessoas mesquinhas, críticas e que criavam problemas. *Salomão contratava indivíduos felizes.* Esse foi um dos segredos que contribuíram para que ele se tornasse o homem mais rico que já existiu.

Você *Atrai* O Que Você *Respeita*.

-MIKE MURDOCK

∼ 31 ∼

Salomão Era Sincero A Respeito dos Limites de Sua Riqueza

As Riquezas Não São A Solução Para Todos Os Problemas. Os pobres geralmente imaginam que o dinheiro resolve tudo. Os ricos sabem que não é assim. No entanto, milhares de pessoas bem-sucedidas continuam mentindo para si mesmas a respeito do sonho de adquirir riquezas. Promoções e aumentos de salário nunca satisfazem realmente.

Salomão sabia disso. Ele era bastante sincero a respeito de seus períodos de solidão. Teve setecentas esposas e trezentas concubinas. Seus filhos vinham até ele diariamente. Todos buscavam sua atenção. A ainda assim não encontramos nenhum registro nos escritos antigos a respeito dos amigos íntimos de Salomão.

Ele era sincero a respeito de seus períodos de depressão. Em Eclesiastes 2:17, escreveu: "Por isso desprezei a vida".

Salomão sabia que o dinheiro não podia garantir a vida eterna. Vejamos suas palavras em Eclesiastes 12:7: "O pó volte à terra, de onde veio, e o espírito volte a Deus, que o deu".

Ele sabia como as riquezas são efêmeras. Salomão afirmou em Provérbios 23:5: "As riquezas desaparecem assim que você as contempla; elas criam asas e voam como águias pelo céu"; e em Provérbios 27:24: "As riquezas não duram para sempre, e nada garante que a coroa passe de uma geração a outra".

Salomão sabia que o desejo de acumular bens pode dominar e arruinar uma pessoa. Em Provérbios 27:20, esse rei declarou: "O Sheol e a Destruição são insaciáveis, como insaciáveis são os olhos do homem". Esse foi um dos maiores segredos da vida de Salomão. Ele não mentia para si mesmo nem para os outros. Era sempre verdadeiro e sincero. Isso o tornava mais vulnerável e frágil, e pode ter ameaçado a aura de mistério e carisma que o acompanhava. Entretanto, esse foi *um dos segredos de sua grandiosidade.*

Salomão não escondia suas fraquezas, suas emoções e seus sentimentos de incapacidade. Ele os enfrentava, analisava-os e escrevia a respeito deles.

Por falar de seus períodos de solidão e de insegurança, Salomão era capaz de encontrar respostas e soluções. Esse tipo de integridade permitiu que ele discernisse apropriadamente o fim da vida humana, registrado em Eclesiastes 12:13-14: "Agora que já se ouviu tudo, aqui está a conclusão: Tema a Deus e obedeça aos seus mandamentos, porque isso é o essencial para o homem. Pois Deus trará a julgamento tudo o que foi feito, inclusive tudo o que está escondido, seja bom, seja mau".

▶ Quando admitimos estar com fome, *conseguimos comida.*

▶ Quando admitimos estar com sede, *as águas fluem rapidamente em nossa direção.*

▶ Quando admitimos estar confusos, as respostas brotam de imediato.

▶ *Aquilo que respeitamos virá até nós.*

▶ *Aquilo que não respeitamos se afastará de nós.*

Podem ser amigos, Sabedoria ou dinheiro. Um dos principais segredos de sucesso que podemos encontrar na vida é a capacidade de reconhecer dádivas tremendas, insubstituíveis e gratificantes que o dinheiro *não pode* comprar.

A riqueza pode garantir-nos uma casa.

A Sabedoria a transforma num *porto*.

A riqueza pode garantir-nos favores.

A Sabedoria nos garante o *apreço* das pessoas.

A riqueza determina nossas posses.

A Sabedoria garante nossa *paz*.

As riquezas podem comprar companheirismo.

A Sabedoria gera *compromisso*.

A riqueza pode contratar alguém para nos ouvir.

A Sabedoria produz *amor*.

A riqueza pode ocultar uma fraqueza.

A Sabedoria a *remove*.

A riqueza tem seus limites. Salomão reconhecia esse segredo e tornou-se o homem mais rico que já existiu.

DECISÃO

Você Quer Aceitar A Jesus Como O Salvador Da Sua Vida?

A Bíblia diz: "Se, com a tua boca, confessares ao Senhor Jesus e, em teu coração, creres que Deus o ressuscitou dos mortos, serás salvo", (Romanos 10:9).

Repita a seguinte oração com toda sinceridade:

"Querido Jesus, eu acredito que morrestes por mim no Calvério e que ressuscitastes ao terceiro dia. Eu confesso que sou um pecador e que preciso do Teu amor e perdão. Entra no meu coração, Jesus! Perdõe os meus pecados! Eu quero receber a Tua vida eterna. Confirme o Teu amor por mim com o derramar da Tua paz, felicidade e o amor sobrenatural para com os outros. Amém".

DR. MIKE MURDOCK

é tremendamente solicitado nos Estados Unidos, como um dos oradores mais dinâmicos do nosso tempo. Mais de 17,000 pessoas em 100 países assistiram às suas Conferências e Reuniões. Mike Murdock recebe centenas de convites de igrejas, colégios e corporações de negócios. Ele é um autor notório com mais de 250 livros escritos, inclusive os best-sellers: *Os Segredos da Liderança de Jesus* e *Segredos do Homem Mais Rico Que Já Existiu.* Milhares assistem o seu programa de televisão semanal, Chaves de Sabedoria com Mike Murdock. Muitos freqüentam as Escolas de Sabedoria que ele apresenta nas cidades mais importantes dos Estados Unidos.

Détachez & Postez

❏ Sim, Mike, Hoje eu fiz uma decisão para aceitar a Cristo como o meu Salvador pessoal. Por favor, me envie o presente do seu livro "31 Chaves Para Um Novo Começo", para ajudar com a minha vida nova em Cristo.

NOME   DATA DE NASCIMENTO

ENDEREÇO   CIDADE   CÓDIGO POSTAL

PAÍS

TELEFONE   E-MAIL

DFC

Envie pelo correio o formulário completo para o seguinte endereço:
Centro de Sabedoria • 4051 Denton Hwy. • Ft. Worth, TX 76117
Telefone: 1-817-759-0300
Você Amará A Nossa Website..! www.WisdomOnline.com

DR. MIKE MURDOCK

1 Abraçou o seu Desígnio de Perseguir... Proclamar...e Publicar a Palavra de Deus para ajudar as pessoas a realizarem os seus sonhos e as suas metas.

2 Começou a trabalhar em tempo integral como evangelista desde 1966 quando tinha 19 anos de idade.

3 Tem viajado e pregado para mais de 17.000 ouvintes em 100 países, incluíndo o Leste e o Oeste da África, Asia e a Europa.

4 Autor notório de mais de 250 livros, incluíndo os best sellers: "A Sabedoria do Vencedor", "A Semente Sonhadora" e "O Princípio Duplo do Diamante".

5 Criador da popular "Bíblia em Tópicos" para Homens de Negócios, Mães, Pais e Adolescentes; a "Bíblia de Bolso de Um-Minuto" em séries e "A Vida Incomum", também em séries.

6 Iniciou o "Mestre 7 - Programa do Mentor Mike Murdock".

7 Compôs mais de mais de 5.700 canções, como por exemplo: "Eu Sou Abençoado", "Você Vai Conseguir", "Deus Voa Nas Asas do Amor" e "Jesus, Somente o Pronunciar do Teu Nome", gravado por muitos cantores do evangelho.

8 É o Fundador do Centro de Sabedoria, em Fort Worth, Texas.

9 Tem um programa semanal na televisão, chamado: "As Chaves da Sabedoria com Mike Murdock".

10 Tem comparecido freqüentemente nos canais da TBN, CBN, BET e outras redes de televisão.

11 Mais de 3.000 pessoas aceitaram a chamada de trabalhar em tempo integral no ministério através dele.

O MINISTÉRIO

1 **Livros de Sabedoria & Literatura** - Mais de 250 best-sellers Livros de Sabedoria e 70 Séries de Ensino em Cassetes.

2 **Cruzadas nas Igrejas** - Multidões são ministrados através de cruzadas e seminários em toda a América nas "Conferências de Sabedoria Incomum". Conhecido como um homem que ama os Pastores, ele tem se concentrado em cruzadas por 43 anos.

3 **Ministério Musical** - Milhões têm sido abençoados pela unção em Mike Murdock ao escrever músicas e ao cantar. Ele tem mais de 15 albuns de música e CD disponíveis.

4 **Televisão** - "As Chaves da Sabedoria com Mike Murdock", um programa semanal de veículação nacional.

5 **O Centro de Sabedoria** - É o local da Igreja e dos gabinetes do Ministério onde o Dr. Murdock prega semanalmente sobre a Sabedoria Para Uma Vida Incomum.

6 **Escolas do Espírito Santo** - Mike Murdock é o anfitrião de Escolas do Espírito Santo em muitas igrejas, ensinando os crentes sobre a Pessoa e a Companhia do Espírito Santo.

7 **Escolas de Sabedoria** - Em cidades principais, o Mike Murdock organiza Escolas de Sabedoria para aqueles que desejam um treinamento personalizado e avançado, para alcançarem... "A Vida Incomum".

8 **Missões** - Dr. Mike Murdock tem feito viagens missionárias em 100 países, incluíndo cruzadas no Leste e Oeste da África, América do Sul, Asia e na Europa.

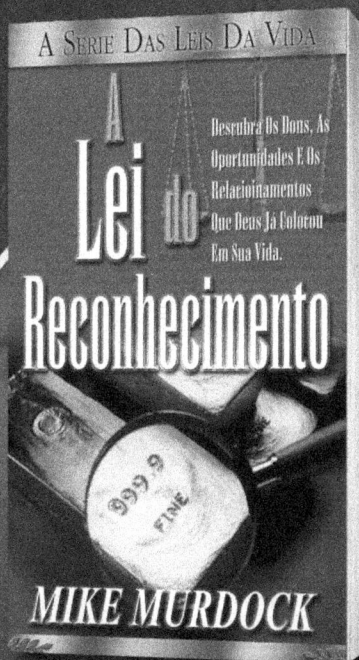

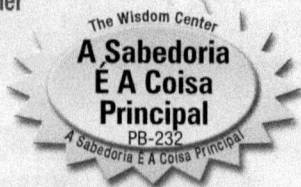

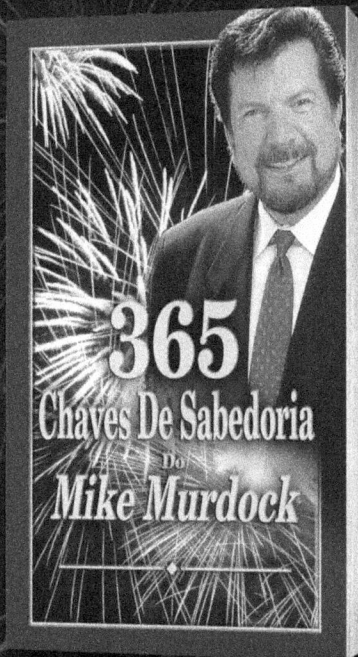

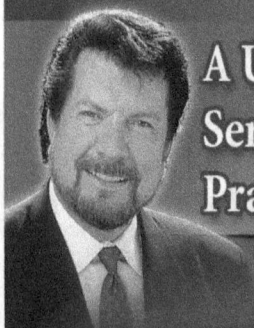

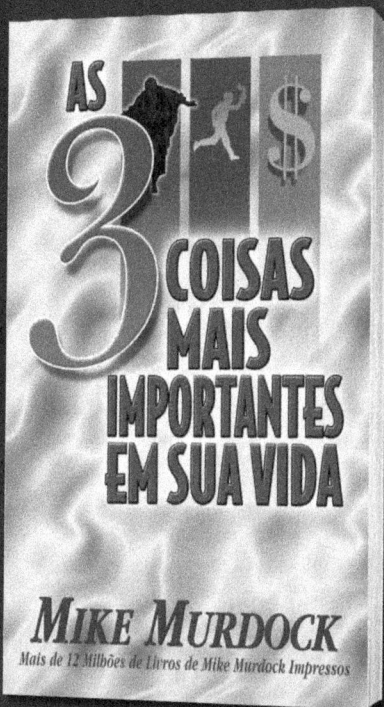

* 9 7 8 1 5 6 3 9 4 3 0 5 8 *